August Moeltzner

S. Maimons erkenntnistheor. Verbesserungsversuche der Kantischen Philosophie

August Moeltzner

S. Maimons erkenntnistheor. Verbesserungsversuche der Kantischen Philosophie

ISBN/EAN: 9783743614253

Hergestellt in Europa, USA, Kanada, Australien, Japan

Cover: Foto ©Thomas Meinert / pixelio.de

Weitere Bücher finden Sie auf **www.hansebooks.com**

ag, den 9. A
vormittags 12 Uhr
öffentlich verteidigt
von
August Moeltzing
aus Helmsdorf in Prov. Sachsen.

Opponenten:
Haeger, Schulamtskandidat.
Dr. med. Sinell, prakt Arzt
Klein, Schulamtskandidat.

Greifswald.
Druck von Julius Abel.
1880.

Rittergutsbesitzer und Königl. Kammerherrn,
Ritter hoher Orden

Herrn Adolf von Krosigk

auf Eichenbarleben

in Verehrung gewidmet

Einleitung.

Vorliegende Arbeit ist hervorgerufen durch das Interesse an einem Manne, der, nun beinahe ein Jahrhundert tot, wohl einer der seltsamsten Autodidakten und originellsten Denker gewesen ist, welche je die Geschichte der Philosophie aufzuweisen gehabt hat. Man muss staunen, wie dieser Mann, der in den drückendsten und elendesten Jugendverhältnissen aufgewachsen, als elfjähriger unreifer Knabe verheiratet, sogar einen Teil seines Lebens als zerlumpter Betteljude vagabondierend durch die Welt zu ziehen gezwungen war, ohne jede philosophische Vorbildung, aber mit zäher und eiserner Willenskraft versehen, eine solche Geistesschärfe erlangte, dass Kant ihn als den bedeutendsten und scharfsinnigsten unter seinen Gegnern anerkannte und Fichte vor seinem Talente eine „grenzenlose Achtung" bezeugte.

Dass dieser Mann trotzdem bereits an der Schwelle des 19. Jahrhunderts, also kurz nach seinem Tode so gut wie vergessen war und nur noch eine lobende Erwähnung seitens Schellings wegen seiner „Neuen Logik" fand, hat seinen Grund wohl hauptsächlich darin, dass er infolge seiner späten Erlernung der deutschen Sprache einen sehr schwerfälligen, in seinen ersten Werken auch schwer verständlichen, oft inkorrekten Stil schreibt, und dass ferner seine Verbesserungsversuche der kritischen Philosophie eben meist nur Versuche geblieben sind, die wohl den Weg bahnten, auf dem die Lösung des Problems vor sich gehen musste, diese Lösung selbst aber nicht erreichten.

Den Ruhm, Salomon Maimon dem Dunkel der Vergessenheit entrissen zu haben, kann J. E. Erdmann mit Recht in

Anspruch nehmen, der uns in seiner „Geschichte der neueren Philosophie" eine ziemlich ausführliche Darstellung des Maimonschen Systems bietet. Maimon ist ferner behandelt in dem grössern geschichtsphilosophischen Werke von K. Fischer, von Zeller (Geschichte der deutschen Philosophie) und von Witte in einer Abhandlung „Salomon Maimon. Die merkwürdigen Schicksale und die wissenschaftliche Bedeutung eines jüdischen Denkers. Berlin 1876." Sie giebt eine ausführliche Biographie Maimons, sonst aber über das Maimonsche System Nichts, was nicht schon in den eben angeführten Werken sich vorfände.

Interessante Erörterungen in Maimons Schriften, die den modernen philosophischen Standpunkt streifen, vor Allem die mit seiner Philosophie verwobenen Vorahnungen eines erkenntnistheoretischen Monismus sind der nähere Anlass gewesen die Maimonschen erkenntnistheoretischen Verbesserungsversuche in dieser Arbeit zu beleuchten.

Doch ehe wir hierzu selbst übergehen, wird es zum leichteren Verständnis dienlich sein, wenn wir zur vorläufigen Orientierung über den Stand des Erkenntnisproblems die beiden Hauptpunkte der Kantischen „Kritik der reinen Vernunft", welche vor Allem der Nachkantischen, also auch der Maimonschen Philosophie entwicklungsbedürftig schienen, kurz angeben:

Kant hatte in der „Kritik der reinen Vernunft" zur Beantwortung der Frage nach dem Zustandekommen unsrer Erkenntnis zwei Stämme unsres Erkenntnisvermögens angenommen, Sinnlichkeit und Verstand, deren gemeinschaftliche einheitliche Wurzel er wohl ahnte,[1]) die er aber nicht anzugeben vermochte. Der erstere der beiden Faktoren, die Sinnlichkeit galt als das Vermögen der Receptivität d. h. als das Vermögen Eindrücke zu empfangen, zu empfinden oder auf mannigfaltige Art affiziert zu werden; und diese

---

[1]) Das „vielleicht" am Schluss der Einleitung der „Kritik der reinen Vernunft" ....., dass es 2 Stämme der menschlichen Erkenntnisgebe, die vielleicht aus einer gemeinschaftlichen, aber unbekannten Wurzel entspringen" .... legt die Vermutung nahe, dass Kant diese Wurzel ahnte.

Sinneseindrücke bilden den Stoff der Erscheinungen, unser Erkenntnismaterial, welches der andere Faktor, der Verstand als das Vermögen der Spontaneität nach den ihm innewohnenden Gesetzen zu ordnen hat und zu anschaulichen Gegenständen verknüpft. Diese Trennung von Sinnlichkeit und Verstand als Stämmen unsrer erkennenden theoretischen Vernunft, und das Streben dieselben auf ihre gemeinsame Wurzel zurückzuführen und damit unserm Wissen ein einheitliches, sicheres Fundament zu geben, ist der eine Punkt des Problems, dessen Lösung sich die Maimonsche Philosophie zur Aufgabe stellt; der andere ist die Beseitigung des Kantischen „Ding an sich", das sich für Kant ergab bei der Frage nach der Ursache und der Quelle jener Sinneseindrücke und Sinnesempfindungen. Da diese den Stoff zu den Erscheinungen und den sinnlich erkennbaren Objekten ausmachen, kann ihre Quelle selbst keine Erscheinung, kein erkennbarer Gegenstand sein, es muss dann dieser unbekannte und unerkennbare Gegenstand ein ausserräumliches und ausserzeitliches Substrat der Erscheinungswelt sein, das transcendentale x, das „Ding an sich", das jenseits der Grenze unsrer Erkenntnisfähigkeit einer jeden Erscheinung zu Grunde liegt.

Es lag in der Natur der Sache, dass an diese beiden Punkte, welche die grundlegenden Momente des Erkenntnisproblems waren, die kritische Philosophie notwendig in ihrer Weiterentwicklung anzuknüpfen hatte: an das einheitliche Erkenntnisprincip, das Bewusstsein als positiven, und an das „Ding an sich" als negativen Faktor unsrer Erkenntnis. Und zwar boten sich dem ersten Blicke wohl drei Wege, auf denen eine Weiterentwicklung möglich scheinen musste, während freilich nur einer derselben in Wirklichkeit zum richtigen Ziele führen konnte.

Entweder man lässt das Ding an sich in seiner Unerkennbarkeit bestehen, so liegt für die skeptische gegen die kritische Philosophie der Einwurf klar auf der Hand: Wenn wir das Ding an sich gar nicht kennen, warum wird es denn überhaupt gesetzt? und es wäre damit die kritische Philosophie auf die Klippen des Skeptizismus zurückgeschleudert, die sie doch glücklich umschifft zu haben meinte. Oder es wird das Ding an sich als erkennbar gesetzt, dann würde die kritische Philosophie in den alten dogmatischen Realismus zurückfallen, mit dessen Vernichtung und Überwindung sie sich doch gerade brüstete. Auf diesen beiden Wegen also konnte die Fortbildung der kritischen Philosophie nicht vor sich gehen: Es blieb nur die dritte Möglichkeit übrig, das Ding an sich in seiner Geltung vollständig zu beseitigen, so dass das Bewusstsein allein als Erkenntnisprinzip übrig bleibt, welches alles Seiende in sich fasst und nichts neben und ausser sich bestehen lässt. Diesen befreienden Schritt vollzieht Maimon, und wir wollen nun sehen, in welcher Weise er seine Aufgabe gelöst hat.

I.

Bewusstsein überhaupt und Ding an sich.

„Der oberste Gattungsbegriff, die allgemeinste und daher unbestimmteste Funktion" [1]) unsres Erkenntnisvermögens, die allen seinen Äusserungen zu Grunde liegt, und ohne welche alle übrigen Funktionen unmöglich sind, ist für Maimon das „Bewusstsein oder das Wissen überhaupt", welches in unsrer Sprache eben darum, weil es die allgemeinste Funktion ist, durch keinen adäquaten Ausdruck bezeichnet werden kann.

---

[1]) Wenn Maimon zur Bezeichnung des Bewusstseins überhaupt den Ausdruck „Funktion" gebraucht, so könnte die Möglichkeit vorhanden sein, dass er denselben, da er sich sehr viel mit Mathematik beschäftigte, aus diesem Gebiete in die Philosophie herüber genommen hätte. In der Mathematik bezeichnet ja die Funktion eine unbestimmte veränderliche Grösse, welche erst durch Beziehung auf eine andre veränderliche einen bestimmten Wert bekommt. Wahrscheinlicher aber ist es, dass er sie in dem Kantischen Sinne von „Thätigkeit" gebraucht hat, so dass sie also die allgemeinste Thätigkeit des Erkenntnisvermögens bedeutet, welche dessen besondere bestimmte Thätigkeiten (empfinden, anschauen etc.) in und unter sich befasst.

(Log 244).¹) Dies thut aber auch, meint Maimon, nichts zur Sache, denn der Begriff ist einmal da und kündigt sich bei einem jeden denkenden Wesen von selbst laut genug an. Dieses Bewusstsein selbst, welches Maimon auch einmal als „Denken im weitesten Sinne des Wortes, als Denken überhaupt" bezeichnet, (Trph 16) drückt nicht die einfache sich auf alle Gegenstände beziehende Handlung des Erkenntnisvermögens aus, sondern schliesst zugleich das Subjekt, welches sich eines Etwas bewusst ist, und das Objekt, dessen es sich bewusst ist, mit ein. Was kein Gegenstand eines möglichen Bewusstseins ist, ist auch kein Gegenstand des Erkenntnisvermögens überhaupt. (Log 15 u. Kat 100.) Maimon trifft hier in der That in der Analyse des Bewusstseins die enge und notwendige Verbindung von Denken und Sein, von vorstellend Seiendem und vorgestelltem Seienden als die unzertrennlichen Momente des Bewusstseins; und es ist dies eine tiefe Einsicht Maimons, das „Bewusstsein überhaupt" als die unentbehrliche Grundlage, die unerlässliche Bedingung aufgestellt zu haben, dass überhaupt für den erkennenden Menschen eine Welt existieren kann. Nicht für sich allein hat es Geltung und Bestand, sondern es schliesst zugleich das Bewusstseins-Subjekt wie auch das Bewusstseins-Objekt in sich ein, und eine Welt d. h. Alles, das da ist, würde keine Existenz haben, wenn sie nicht eben in diesem erkennenden Bewusstsein enthalten wäre.

Mit Recht folgert Maimon dann weiter: Alle Funktionen des Erkenntnisvermögens (empfinden, denken, vorstellen, erkennen etc.) gehören zum „Bewusstsein überhaupt", welches sich in einer jeden von ihnen auf besondere Art äussert; und alle diese besondern Äusserungen desselben können als seine

---

¹) Citiert werden in dieser Arbeit Stellen aus folgenden Maimonschen Schriften:
1) Trph = Versuch über die Transcendentalphilosophie.
2) Log = Versuch einer neuen Logik oder Theorie des Denkens.
3) Kr. U = Kritische Untersuchungen über den menschlichen Geist.
4) Progr = Über die Progressen der Philosophie.
5) Streif = Streifereien im Gebiete der Philosophie.
6) Kat = Die Kategorien des Aristoteles.

besondern Arten betrachtet und erklärt werden, während es selbst nicht erklärt werden kann. Denn da es der höchste Gattungsbegriff aller unsrer Erkenntnisfunktionen ist, eine „Definition aber ein genus proximum und die differentia specifica erfordert, so ist zu ersehen, dass das Bewusstsein überhaupt nicht zu definieren ist, ebenso wenig, wie es sich als Thatsache durch Merkmale darstellen lässt, denn ein jedes Merkmal, das man zu seiner Erklärung angeben wollte, setzt dasselbe schon voraus". (Streif 195. Log 16.)

Dieses „Bewusstsein überhaupt" [1]) als die allgemeinste Form unsres Erkenntnisvermögens kann nun, wenn es abgesehen von den bestimmten Objekten, auf die es sich richtet, betrachtet wird, als das „unbestimmte Bewusstsein" bezeichnet werden, welches erst zu einem „bestimmten Bewusstsein" wird durch das Objekt, den Gegenstand, auf den es sich bezieht, d. h. die Erkenntnis dieses Objekts macht erst ein bestimmtes Bewusstsein aus. Das unbestimmte Bewusstsein liegt einem jeden bestimmten Bewusstsein d. i. einer jeden besonderen Erkenntnis zu Grunde; „es ist das unbekannte x, das in einem jeden bestimmten Bewusstsein einen bestimmten Wert a b c d -etc. erhält." (Kat 143.) Die besondere Bestimmung in einem jeden bestimmten Bewusstsein ist der Gegenstand desselben, welcher durch Reflexion als etwas vom „Bewusstsein überhaupt" Verschiedenes, aber doch ohne dasselbe Unmögliches gedacht wird.

Dieses Maimonsche „Bewusstsein überhaupt", welches also die notwendige Bedingung ist für eine jede Operation des Erkenntnisvermögens, ohne welches keine Anschauung, keine Vorstellung, kein Gedanke und Begriff möglich ist, ist nun das centrale Erkenntnisprinzip, welches die Kantischen Erkenntnisquellen Sinnlichkeit und Verstand vereinigt und ihren prinzipiellen Gegensatz aufhebt. Es kann in dem Sinne,

---

[1]) Es ist möglich, dass Maimon den Ausdruck „Bewusstsein überhaupt" aus der Kantischen Philosophie, wo derselbe zwei Mal vorkommt (Krit. d. rein. Vern. hg. v. Rosenkranz. Supplem. XIV. § 20, p. 741 und Prolegom. § 23) herübergenommen und für seine Philosophie fruchtbar gemacht hat.

dass es einen jeden Denkakt notwendig begleiten und ihm zu Grunde liegen muss, mit der Kantischen „synthetischen Einheit der Apperception" verglichen und zusammengestellt werden, welche, mit Schopenhauer gesprochen, „gleichsam das ausdehnungslose Centrum der Sphäre aller unsrer Vorstellungen, deren Radien zu ihm convergieren, das Subjekt des Erkennens, das Correlat aller unsrer Vorstellungen" ist. Dass Kant mit dieser „synthetischen Einheit der Apperception" das Gleiche, was Maimon mit seinem „Bewusstsein überhaupt" zum Ausdruck bringt, hat sagen wollen, geht aus allen seinen Äusserungen hervor; dass er es aber nicht klar und präzis zur Darstellung gebracht hat, zeigen schon die schwankend wechselnden Ausdrücke „Selbstbewusstsein", „transcendentale Apperception", „transcendentale Einheit des Selbstbewusstseins" etc. Es ist natürlich, dass Kant auch nicht in und mit dieser „synthetischen Einheit der Apperception" den prinzipiellen Gegensatz zwischen Sinnlichkeit und Verstand aufheben konnte, ohne seine Erkenntnistheorie, die ja gerade auf diesen gebaut war, von Grund aus umzustossen, während es für Maimon leicht wurde — wie wir später sehen werden — diesen prinzipiellen Gegensatz auf einen nur graduellen zurückzubilden.

Neben den Maimonschen Versuchen, ein einheitliches Erkenntnisprinzip anzunehmen, sind übrigens ähnliche auch von den Zeitgenossen unternommen, ohne dass freilich von ihnen behauptet werden könnte, sie hätten irgend welchen Einfluss auf die Maimonschen Untersuchungen gehabt oder hätten überhaupt nur eine Anregung zu denselben gegeben. Die Ersten, welche in der Annahme zweier Erkenntnisquellen einen Mangel der Kantischen Kritik der reinen Vernunft erblickten, sind die sogenannten Gefühls- oder Glaubensphilosophen; und unter diesen wiederum ist als der erste Hamann zu bezeichnen, der bereits 1784 in seiner „Metakritik über den Purismum der Vernunft" obige Trennung als eine unberechtigte Dichotomie bezeichnete und mit der Ansicht hervortrat, dass „die beiden Stämme abgelöst von ihrer gemeinsamen Wurzel ausgehen und verdorren müssten." Da Hamann selbst aber nicht im Stande ist, diese gemeinsame Wurzel anzugeben, da ferner diese seine Schrift — weshalb, ist hier nicht der Platz zu erörtern — erst im Jahre 1800 veröffentlicht wurde, so kann von ihm aus kein Einfluss auf Maimon konstatiert werden. Auch Jacobi, der 1787 in seinem „David Hume über den Glauben oder Idealismus und Realismus" alle unsere Erkenntnis auf eine letzte unmittelbare Gewissheit, den „Glauben" zurückzuführen sucht, dessen Thatsächlichkeit weiter nicht zu beweisen sei und nach dessen Entstehung wir nicht zu fragen haben, kann keine direkte Einwirkung auf Maimon ausgeübt haben, da wir nirgends in Maimons Schriften eine Hindeutung auf Jacobi und seine Philosophie finden, während er doch sonst alle die Männer, mit deren Studium er sich beschäftigt hat, zumal in jener Periode, wo er begierig in jedes sich ihm darbietende Buch einzudringen suchte, in seiner Selbstbiographie namentlich anführt.

Ebenso wenig wie von Hamann und Jacobi lässt sich auf Maimon ein Einfluss Reinholds annehmen, der, wohl durch die Gefühlsphilosophen angeregt, unsre Erkenntnisfunktionen auf eine einzige centrale Thätigkeit zurückzuführen suchte. Seine erste diesbezügliche Schrift „Versuch einer neuen Theorie des Vorstellungsvermögens" erschien im Jahre 1789, also ein Jahr vor Maimons „Transcendentalphilosophie". Wenn wir aber erwägen, dass eine ziemlich lange Zeit vergangen war, ehe dieses erste Maimonsche Werk im Druck erschien — denn das Manuscript befand sich vorher in Kants Händen, dem es von Marcus Herz zur Durchsicht übersandt war, und der wegen seiner vielen Arbeiten erst nach geraumer Zeit sein Urteil darüber abgab — so können wir mit Sicherheit annehmen, dass Maimon Reinholds „Theorie des Vorstellungsvermögens" vor der Ausarbeitung seiner „Transcendentalphilosophie" nicht gekannt, vielmehr jenen Mangel der Kantischen Kritik der reinen Vernunft aus dem Geiste derselben selbst eingesehen hat. Wenn auch diese Maimonsche Erstlingsarbeit nicht klar, methodisch und geordnet entwickelt ist, so lässt sie doch seinen Standpunkt schon erkennen: So weist er p. 63, 182 und a. a. O. auf die Schwierigkeiten hin, die

die Kantische Trennung von Sinnlichkeit und Verstand bereite und giebt im Princip dem Leibniz-Wolffischen System den Vorzug, welches diese Trennung vermeide. Später, als er die Reinholdische Philosophie kennen lernte, ist es einer der hauptsächlichsten von Reinhold aufgestellten Punkte, das einheitliche Erkenntnisprincip, das Reinholdische „Bewusstsein als Vorstellungsvermögen", gegen das Maimon, besonders in seinen „Streifereien im Gebiete der Philosophie" oft sogar in ziemlich ausfallendem Tone polemisiert. Der Satz des Bewusstseins nämlich, den Reinhold seiner Philosophie zu Grunde legt: „Im Bewusstsein wird die Vorstellung durch das Subjekt vom Subjekt und Objekt unterschieden und auf beide bezogen" kann nur vom Bewusstsein einer Vorstellung, nicht aber vom „Bewusstsein überhaupt" gelten. Dieses Bewusstsein als Vermögen aller Vorstellungsthätigkeit ist für Reinhold ein allgemeines und notwendiges Faktum, das sich nicht erklären, sondern durch Zerlegung in seine Bestandteile (Subjekt und Objekt) als Thatsache beschreiben lässt. Vorstellung ist also nach Reinhold das Allgemeinste, Erste im Erkenntnisvermögen; Empfindung, Anschauung, Begriff, Idee: Alles lässt sich bei ihm auf den Allgemeinbegriff Vorstellung zurückführen, während sie bei Maimon gerade als das Letzte unter den Erkenntnisoperationen anzusehen ist. (K. U. 61.)

Nach Maimon ist nämlich die Vorstellung eines Objekts eine „Teildarstellung," welche nur ein oder mehrere Merkmale des Objekts angiebt, und die Anschauung und das Denken des Objekts voraussetzt. (Streif. 95, K. U. 60.)

So ist z. B. ein Gemälde eine Vorstellung, weil es irgend einen Gegenstand (z. B. eine Landschaft) darstellt: Da nun aber auf dem Gemälde nicht alle die Merkmale, welche die Landschaft selbst in ihrer Wirklichkeit d. h. abgesehen vom Gemälde charakterisieren und welche ja der Einfluss der Zeiten auch verändert, angegeben werden können, sondern nur ein Teil von ihnen, so ist die Vorstellung des Gemäldes nur eine Teildarstellung, deren Merkmale wir aber vermöge unsrer Einbildungskraft mit den noch fehlenden der Landschaft selbst vereinigen und so das Gemälde auf die Landschaft selbst als dessen „Urbild", wie ein Teil aufs Ganze beziehen. (Log 242.)

Wenn nun das Maimonsche „Bewusstsein überhaupt" erst zu einem bestimmten Bewusstsein d. i. Empfindung oder Vorstellung, Anschauung oder Denken wird durch das Objekt oder den Gegenstand, auf den es sich bezieht, so fragt es sich im Hinblick auf die Kantische Lehre: Was ist dieser Gegenstand für das Maimonsche „Bewusstsein überhaupt?" Ist er Erscheinung oder „Ding an sich" oder Zusammensetzung von beiden; und wie verhält sich Maimon überhaupt zum „Ding an sich"?

Dieses nach der Kant-Reinholdischen Philosophie ausserhalb unsres erkennenden Bewusstseins liegende und unsre Sinne affizierende „Ding an sich" lässt sich nach Maimon nicht nur nicht beweisen, sondern ist sogar eine begriffliche Unmöglichkeit.

„Was zwingt überhaupt diese Philosophen (Idealisten, Dualisten, Materialisten) fragt Maimon, die Existenz eines transcendenten Objekts, von dem sie doch gar nichts wissen, anzunehmen oder die Modifikationen des Bewusstseins auf etwas ausser demselben zu beziehen? Zu dieser Annahme eines solchen transcendenten Objekts nötigt uns gar nichts, weil wir uns in der That darunter nichts vorstellen können." (Trph 161.)

Was soll dieses „ausser uns" bedeuten? Anschauung eines Objekts heisst doch nicht Anschauung eines Objekts ausser dem Bewusstsein. Denn das hat gar keinen Bedeutung Die rote Farbe z. B. ist eine Anschauung. Aber was wird dadurch angeschaut? Doch nicht das Ding ausser dem Bewusstsein, denn dieses Ding ausser dem Bewusstsein, das im Bewusstsein rot sein soll, ist ein Unding. (Streif. 48, Kat 173.) Dass man doch geneigt ist, die Anschauung so vorzustellen, beruht nach Maimon auf einer leicht zu erklärenden Illusion der Einbildungskraft — wie er sie sich erklärt, lässt er allerdings nicht erraten — durch die rote Farbe werde eben nichts anderes angeschaut, als die rote Farbe.

Also etwas „ausser uns" ist nicht etwas mit uns im

Raumverhältnis sich Befindendes, sondern dieses „ausser uns" bedeutet nur etwas, „bei dessen Vorstellung wir uns keiner Spontaneität bewusst sind d. h. (in Ansehung unsres Bewusstseins) blosses Leiden, aber keine Thätigkeit in uns". (Trph 203.) So vollzieht Maimon mit voller Consequenz die Vernichtung des ausserhalb unsres Erkenntnisvermögens existierenden Dinges an sich, indem er von ihm jegliche Realität abstreift und es als ein nacktes Phantasiegebilde stehen lässt. Das Ding an sich, welches für die Kantische Weltanschauung „sozusagen der realistische Eckstein . . . . zu gleicher Zeit aber auch ein idealistischer Grenzstein" war (Rehmke, Die Welt als Wahrnehmung und Begriff. Einl.: Kants Ding an sich.) verliert für Maimon nicht nur seine Realität, es kann auch keine Verwendung als Grenzbegriff finden: Es wird zu einem blossen Hirngespinste. Das ist Maimons philosophische Bedeutung, dass er mit allen ihm zu Gebote stehenden Mitteln dem Kantischen Ding an sich und der darauf sich gründenden Zweiweltentheorie den Garaus zu machen suchte.

Wenn wir bei der Betrachtung des Ding-an-sich-Begriffs absehen von unserm erkennenden Bewusstsein sowie von den Bedingungen der Erkenntnis, so erscheint dieser Begriff möglich, wie jeder andere Begriff; in Beziehung auf das Bewusstsein hingegen ist er ein Unbegriff, ein Nichts. Die erstere Betrachtungsart gilt in der allgemeinen, die zweite in der transcendentalen Logik. Es ist deshalb notwendig die Maimonsche Unterscheidung dieser beiden Arten der Logik (auf die wir später noch ausführlicher eingehen werden) kennen zu lernen:

Die transcendentale Logik verhält sich zur allgemeinen wie die Algebra zur Buchstabenrechnung. Die letztere bezieht sich auf Grössen überhaupt und auf ihre möglichen Verhältnisse zu einander. Die erstere hat zwar noch immer einen hohen Grad von Allgemeinheit, weil sie von allen gegebenen Grössen abstrahiert, aber sie ist nicht absolut allgemein, weil sie sich auf Bedingungen der als Objekte erkennbaren Grössen einschränkt. „Der Begriff eines Dinges an sich, von den Bedingungen einer möglichen Darstellung abstrahiert, ist so gut ein Gegenstand der allgemeinen Logik wie der Begriff von $\sqrt{}$-a ein Gegenstand der Buchstabenrechnung ist." Die Algebra gebraucht zwar auch den Begriff von $\sqrt{}$-a, aber nicht um dadurch ein Objekt zu bestimmen, sondern gerade umgekehrt, um die Unmöglichkeit eines solchen Objekts, dem dieser Begriff zukommt, darzuthun. Ebenso könnte auch die transcendentale Logik von einem Ding an sich sprechen, aber blos in der Absicht ihm alle objektive Realität abzusprechen". (K. U. 191.)

Dass Kant in der Aufstellung eines Dinges an sich inconsequent verfahren sei, hatte schon 3 Jahre vor Maimons „Transcendentalphilosophie" Jacobi entdeckt, der in seinem „David Hume etc. gegen den Kantischen Ding-an-sich-Begriff polemisierend ins Feld zog und den Widerspruch nachzuweisen suchte, in den sich die Vernunftkritik als transcendentaler Idealismus notwendig verwickeln müsste, wenn sie die Realität der Aussenwelt, der Dinge an sich verneine, aber doch einen wirklichen Eindruck derselben auf das erkennende Subjekt statuiere. Da er selbst aber die Annahme einer ausser uns existierenden Welt beibehält, von deren Gewissheit uns der in unserm Gefühl gegründete Glaube, eine wunderbare unmittelbare Offenbarung, Kunde giebt, so predigt er in dieser seiner Welterklärung den schroffsten Dualismus, den Maimon durch die vollständige Beseitigung des Dinges an sich ausser unserm Bewusstsein vermeidet.

Wie schon früher gesagt, hat auch Maimon zu der Zeit, als seine „Transcendentalphilosophie" erschien, in welcher er hauptsächlich das „Ding an sich" bekämpft, und vielleicht, da auch seine spätern Schriften Jacobi nicht erwähnen, überhaupt gar nicht die Jacobische Philosophie gekannt, so dass sie ihm als Anknüpfungspunkt hätte dienen können. Und gesetzt auch den Fall, dass er sie wirklich gekannt hätte, Maimon hätte sich doch nicht, ebensowenig wie durch die früheren in andrer Hinsicht berührten Philosophen beeinflussen lassen, da er den Kern der Sache viel tiefer und rationeller erfasste und auch annehmbare positive Umänderungen vornahm.

So müssen wir denn Maimon die Anerkennung zu teil werden lassen, dass er der erste unter den Kantianern gewesen ist, der ernsthaft mit jener Spukgestalt „Ding an sich" ausserhalb unsres Bewusstseins aufzuräumen begann.

Durch die Vernichtung des Begriffs eines ausserhalb unsres Erkenntnisvermögens existierenden realen Objekts ist nunmehr der alten dogmatischen Welterklärung jeder Fuss breit Boden genommen. Als einen solchen Dogmatiker bezeichnet Maimon auch Reinhold, der zwar die Dinge an sich als unerkennbar und unvorstellbar, aber doch als ausserhalb des Bewusstseins befindlich statuierte, um wenigstens eine Erklärung für den Stoff unsrer Vorstellungen zu bekommen; eine Auffassung, die fast gleichzeitig mit Maimon durch Änesidemus-Schulze mit skeptischen Einwürfen bekämpft wurde:

Da die Einwirkung des Dinges an sich als unerlässliche Bedingung d. h. als Ursache für die sinnlichen Empfindungen und somit für die Erfahrung vorausgesetzt wird, das Ding an sich aber uns völlig unbekannt sein soll, so ist dies nach Änesidemus eine ganz grundlose Behauptung der kritischen Philosophie. Denn wenn uns das Ding an sich unbekannt ist, so können wir ja überhaupt gar nicht wissen, ob es wirklich existiert und die Ursache von etwas sein kann. Mit welchem Rechte kommen wir also dazu, solche Dinge an sich als Bedingung der Erfahrung anzusehen? Mit welchem Rechte wenden ferner die kritischen Philosophen den Causalitätsbegriff, der doch nur für Erscheinungen gelten soll, auf das Gemüt als Quelle unsrer Erkenntnis an, da dies doch ein Ding an sich, ein Noumenon oder eine Idee ist?

Wenn nun aber Änesidemus weiter folgert, das Vorstellungen ohne Objekt und ebenso das reale Objekt an sich abgesehen vom vorstellenden Subjekt existiere und mit demselben weder entstehe noch untergehe, wie z. B. ein Baum wachse, Blätter und Stamm, Grösse und Qualität ohne unser Zuthun habe, so zeigt ihm Maimon dass schon, diese Annahme auf einer Täuschung der reproduktiven Einbildungskraft beruhe, welche mit Hilfe des Gedächtnisses beständig Vorstellungen als solche auf die wahrgenommenen Objekte beziehe, worin sie als Merkmale enthalten seien, und dass die Dinge an sich keine Realität ausserhalb des Erkenntnisvermögens besitzen können.

Da Maimon die bisherige Kantische Annahme eines ausser dem Bewusstsein existierenden Dinges an sich, auf das als ihren Grund sich die Empfindungen beziehen sollten, beseitigt hat, so sucht er nun auf andere Weise den Stoff unserer Vorstellungen, dessen unser Denken freilich auch nach ihm zur Erkenntnis bedarf, zu gewinnen und findet, dass dieser Stoff nicht vom Bewusstsein produziert ist, dass es ihn vielmehr in sich als etwas „Gegebenes" vorfindet, als etwas, dessen Ursache nicht nur, sondern auch dessen Entstehungsart uns unbekannt ist und von dem wir blos ein unvollständiges Bewusstsein haben. (Trph 203) Diese Unvollständigkeit des Bewusstseins aber kann von einem bestimmten Bewusstsein bis zum völligen Nichts durch eine abnehmende unendliche Reihe von Graden gedacht werden: folglich ist das blos Gegebene d. h. dasjenige, was alles bewusste Denken als nicht aus dem Erkenntnisvermögen ableitbar vorfindet, eine blosse Idee von der Grenze dieser Reihe, zu der wie etwa zu einer irrationalen Wurzel man sich immer nähern, die man aber nie erreichen kann. (Trph 419.)

Die Auflösung dieses ursprünglich Gegebenen in seine letzten Elemente, die „Differentiale des Bewusstseins" wie sie Maimon nennt, würde die verschiedenen mannigfaltigen primitiven Empfindungen ergeben, die selbst „noch nicht" ins Bewusstsein treten, sondern nur Ideen, Grenzbegriffe sind, denen ein endlicher Verstand sich blos annähert, die er aber nie vollständig erreicht. (Trph. 27 ff. u. 193).

Diese verschiedenartigen primitiven Empfindungen finden sich also ungeordnet als Mannigfaltiges ohne verknüpfende Einheit in unserm Bewusstsein vor. Wird aber das Mannigfaltige vermittelst einer Synthese, in der nach Maimon der Erkenntnisprozess vor sich geht, zu einer Einheit verknüpft, so entstehen daraus die Anschauungen, die also bereits in das Bewusstsein treten, aber da sie den Empfindungen am nächsten stehen, den untersten Rang unter den Operationen des Erkenntnisvermögens einnehmen.

Die Maimonschen Erörterungen über das „Gegebene" zeigen Anklänge an die Leibnizische Philosophie. Wie bei diesem die Bewusstseinsenergie von einem deutlichen und klaren Bewusstsein bis zu einem total verworrenen durch eine unendliche Stufenreihe hindurch abgeschwächt auftreten kann, so dass die letzten unendlich kleinen Vorstellungen sich nur unbewusst in uns vorfinden, so zeigt sich auch bei Maimon die Unvollständigkeit des Bewusstseins von dem Gegebenen in einer unendlichen Reihe von Graden bis herab zu den primitiven Empfindungen, die selbst noch nicht ins Bewusstsein, also unbewusst auftreten.

Zu der Annahme, dass Maimon hier auf Leibniz zurückgreift, zwingt uns neben eigenen Maimonschen Andeutungen um so mehr der Umstand, dass er nur in seinem Erstlingswerk, seiner „Transcendentalphilosophie", die wie er selbst sagt, aus einem Coalitionssystem der Leibniz-Hume-Kantischen Philosophie bestehe, jene Erörterungen über das „Gegebene" vorgebracht, in seinen späteren Schriften hingegen sie nie mehr berührt hat.

Bei der Maimonschen Erklärungsweise des „Gegebenen" bleibt nun in unserer Erkenntnis ein Rest übrig, ein unerklärter und für Maimon unerklärbarer Rest. Er befindet sich zwar im Bewusstsein und gehört somit zum Bewusstseinsinhalt; da wir aber seine Entstehungsart nicht kennen, seine Ursache uns unbekannt ist und bleibt, so spielt in dieser „Ursache" doch wieder der Kantische Ding-an-sich-Begriff, dem zwar durch Maimon die metaphysische Realität, welche er noch bei Reinhold besass, genommen ist, der aber trotzdem in seiner irrationalen Geltung als unauflösliches Objekt im Bewusstsein weiter existiert.

Dass Maimon eine Ursache für die Erklärung jenes Restes forderte und gegen seine ausdrückliche Behauptung doch wieder unwillkürlich auf das Ding an sich zurückgeworfen wurde, zeigt eben, dass er in dieser Hinsicht den Boden Kantischer Auffassung noch nicht ganz verlassen und den Standpunkt seines Meisters noch nicht vollständig überwunden hatte. In der Unauflöslichkeit jenes Restes ist aber von Maimon zugleich der Folgezeit das Problem gestellt und der Weg gezeigt, auf dem die kritische Philosophie weiter fortzuschreiten hatte. Die Lösung des Problems, die Erklärung jenes für Maimon unerklärbaren Restes übernimmt Fichte; und es verlohnt sich den bis jetzt erörterten Standpunkt Maimons mit dem Fichteschen, so weit er hier in Betracht kommt, einer kurzen Vergleichung zu unterziehen.

Als einheitliches Prinzip, aus dem alle unsre Erkenntnis hervorgehen soll, war von Maimon, indem er die getrennten Kantischen Erkenntnisquellen vereinigte, das „Bewusstsein überhaupt" aufgestellt worden. Das Erkenntnismaterial, welches nach der Kant-Reinholdischen Auffassung die Dinge ausserhalb des Erkenntnisvermögens durch Affizierung unsrer Sinne lieferten, verlegte Maimon in das Bewusstsein, es sollte für dasselbe nichts Fremdartiges mehr geben, alle Wirklichkeit sollte im Bewusstsein enthalten sein. Maimon hatte dadurch die Grenze der theoretischen Vernunft erreicht, Fichte gesellte ihr den freithätigen, schöpferischen Willen hinzu, der in einem jeden Menschen als Prinzip aller Thätigkeit verborgen, Alles aus sich selbst heraus erzeugt. Das Maimonsche „Bewusstsein überhaupt", das den Hintergrund und Untergrund aller Denkoperationen bildet, die notwendige Bedingung, dass überhaupt eine Erkenntnis, ein Gedanke vor sich gehen kann, wird für Fichte zur reinen Selbstthätigkeit, in jedem Augenblick mit einer bestimmten Vorstellung beschäftigt, welches dadurch, dass es sich selbst denkt und vorstellt, zur Selbstanschauung, zum Selbstbewusstsein, zur Ichheit wird. Es ist dies aber nicht das empirische, individuelle Bewusstsein, wodurch sich ein Individuum vom andern unterscheidet, sondern das absolute Ich, welches durch eine Selbsthandlung sich in die beiden identischen Bestandteile Ich als vorstellendes Subjekt und Ich als vorgestelltes

Objekt zerlegt, d. h. es ist das Ich, welches sich selbst vorstellt, sich selbst setzt. Dadurch, dass nun das Ich, das Bewusstsein sein Selbst jedem Andern entgegensetzt und somit durch diesen Gegensatz sich seiner vollkommen inne wird, schafft das Ich aus sich heraus die Welt als seine Schranken, das Ich setzt das Nicht-Ich. Bei Kant existieren sowohl die Vorstellungswelt wie die Ding-an-sich-Welt dualistisch neben einander, jene im Bewusstsein, diese unerkannt ausserhalb des Bewusstseins; Maimon beseitigt diese Scheinwelt und den damit ausgesprochenen Dualismus: für ihn giebt es nur eine Welt, die Bewusstseinswelt, die uns aber vermöge der graduellen Einteilung unsres Bewusstseins nur so weit bekannt ist, als sie von uns mit Bewusstsein produziert ist, in ihrem „Gegebensein" hingegen nicht erklärt werden kann. Bei Fichte wird die Welt der Objekte aus dem Bewusstsein heraus und durch dasselbe erst hervorgebracht, es hat diese Welt nicht nur als ein Anderes sich gegenüber, sondern schliesst sie als ein Anderes schon von vorn herein in sich ein, kennt sie demnach auch in ihren letzten Gründen, so dass von ihr kein erklärungsbedürftiger Rest im Fichteschen Bewusstsein übrig bleibt.

II.
Die mathematische und empirische Welt.

Alles, was wir also in unserm Erkenntnisvermögen als nicht von uns mit Bewusstsein produziert, vorfinden, hat den Charakter einer „gegebenen Erkenntnis", deren letzte primitiven Bestandteile die Empfindungen und daraus hervorgehend die Anschauungen sind. Diese „gegebenen Erkenntnisse" nun sind zwiefacher Art: entweder a priori oder a posteriori.

Eine Erkenntnis a priori im engern Sinne ist eine solche, die in der blossen Form des Erkenntnisvermögens in Beziehung auf ein Objekt überhaupt gegründet ist, und folglich einem jeden bestimmten Objekte der Erkenntnis vorausgehen muss. Im weitern Sinne ist eine Erkenntnis a priori nicht blos eine solche, die dem Objekte seiner Möglichkeit, sondern seiner Wirklichkeit nach vorangeht. (Log. 116 ff.) Eine Erkenntnis hingegen ist a posteriori gegeben, wenn sie nicht als Bedingung andrer Erkenntnisse in demselben vorausgesetzt werden muss d. h. wenn sie erst durch die Wirklichkeit der Objekte bestimmt wird. So ist die Erfahrungserkenntnis z. B. die Anschauung der roten Farbe eine a posteriori gegebene Erkenntnis. Gegeben ist sie, weil wir uns ihrer Entstehungsart im Bewusstsein nicht bewusst sind und dieselbe sich nicht nach allgemeinen Gesetzen des Erkenntnisvermögens aus demselben erklären lässt. A posteriori ist sie gegeben, weil sie keine Bedingung andrer Erkenntnisse ist, vielmehr erst durch die Wirklichkeit der Objekte, auf die sie sich bezieht, also bei dem angeführten Beispiele, durch die rote Farbe bestimmt wird. (Ebds.)

Als Beispiel einer Erkenntnis a priori im engern Sinne führt Maimon die logische Erkenntnis an, welche sich mit ihren Lehrsätzen und Axiomen (Satz des Widerspruchs und der Identität) auf ein Objekt der Erkenntnis überhaupt bezieht. Die mathematische Erkenntnis hingegen sei keine solche Erkenntnis a priori im engern Sinne, weil sie nur von den bestimmten Objekten gilt, auf die sie sich bezieht. Im weitern Sinne aber sei sie auch eine Erkenntnis a priori, weil sowohl der „Stoff" d. h. die mathematischen Objekte selbst, als auch die „Form" d. h. die Verhältnisse zwischen diesen Objekten blos durch das Erkenntnisvermögen selbst bestimmt werde. Daher rühre die Notwendigkeit und Allgemeingültigkeit der Mathematik.

Das Vermögen solche „gegebenen Erkenntnisse" zu haben ist die Sinnlichkeit, deren Definition demnach die Kantische Erklärungsweise, sie sei das Vermögen des Gemüts, durch etwas ausser demselben affiziert zu werden, aufhebt, da es für Maimon garnicht darauf ankommt, „wodurch eine Erkenntnis bewirkt wird, sondern blos darauf, was darin enthalten ist." (Kr. U. 65.) Durch die Sinnlichkeit also werden uns in der Anschauung Objekte gegeben, geliefert, aber als etwas Mannigfaltiges ohne verknüpfende Einheit, als etwas, dessen Entstehungsart im Gemüte uns unbekannt ist. Sie kann uns jedoch bekannt werden. Wenn dies der Fall ist, wenn wir uns also der Regeln bewusst werden, nach denen diese Objekte in unserm Bewusstsein entstehen und durch unser Denken hervorgebracht werden, so wird die Anschauung zum Begriff, die Sinnlichkeit zum Verstand. Denn das Geschäft des Verstandes ist für Maimon nichts Anderes als Einheit im Mannigfaltigen hervorzubringen und Begriffe zu schaffen, dadurch, dass er das Mannigfaltige nach einer Regel zu einer Einheit zusammenfasst. Deshalb sind Sinnlichkeit und Verstand nicht zwei verschiedene Vermögen, sondern nur zwei verschiedene Entwicklungsstufen einer und derselben Kraft: Sinnlichkeit ist bei uns nur unvollständiger Verstand. (Trph. 182.)

Somit wird der prinzipielle Gegensatz, den Kant zwischen Sinnlichkeit und Verstand aufgestellt hatte, für Maimon hinfällig, und ihr Unterschied besteht nur in Graden der Vollständigkeit der Erkenntnis.

Maimon betritt hiermit wieder den Boden der Leibniz-Wolffischen Philosophie, welche ja auch Sinnlichkeit und Verstand aus einer einheitlichen Erkenntnisquelle fliessen liess und ihren Unterschied auf unvollkommenes und vollkommenes, verworrenes und deutliches Vorstellen zurückführte. Aber Maimon hat gewissermassen nur einige Steine aus dem Mosaik des Leibnizischen Systems genommen und für den Aufbau seines Systems zu verwerten gesucht: Denn wenn bei Maimon auch Sinnlichkeit und Verstand analog Leibniz-Wolff nur einen Gradunterschied der Erkenntnis bezeichnen, so besteht doch zwischen beiden der hochbedeutsame Unterschied, dass die letzteren Philosophen auf dogmatisch-realistischem Boden stehen d. i. eine Erkenntniss des an-sich-Seienden lehren, während es gerade Maimons Verdienst ist diesen Dogmatismus vernichtet und auf seinen Trümmern einen Monismus aufgebaut zu haben.

Der Verstand also betrachtet das Objekt in seinem Entstehen, die Anschauung hingegen hat es vor sich als schon entstanden, als fertig. „Der Verstand, sagt Maimon

(Trph. 33 ff.) kann kein Objekt anders als entstehend d. h. fliessend denken .... das Anschauungsvermögen muss sich sein Objekt nicht entstehend, sondern als schon entstanden denken". Soll der Verstand z. B. eine Linie denken, so muss er sie in Gedanken ziehen, sollen wir dagegen in der Anschauung eine Linie darstellen, so müssen wir sie als schon gezogen vor uns haben. Dadurch erhalten wir nun das interessante Resultat, dass das Objekt, welches der Verstand entstehen lässt und mit Bewusstsein nach einer Regel produziert, als Produkt des Denkens selbst wieder ein Objekt der Anschauung wird, welches dieselbe dann als gegeben, aber als in seiner Entstehungsart bekannt, vorfindet.

Das Denken selbst ist „Betrachtungsgegenstand" der Logik, deren Kantische Einteilung in allgemeine (formale) und transcendentale Maimon beibehält. Die erstere hat die Formen oder möglichen Verhältnisse ganz unbestimmter Objekte zum Gegenstand, während letztere allgemeine, aus der Natur der Sache sich ergebende Methoden, diese Formen in besondern Fällen richtig zu gebrauchen, also die Gesetze des „reellen", Objekte bestimmenden Denkens angiebt. (Kr. U. 19 und Log. 232). Das Abhängigkeitsverhältnis dieser beiden Arten der Logik ist für Maimon nicht das seines Meisters, die transcendentale der allgemeinen unterzuordnen, sondern nach ihm erfordern und bedingen beide einander gegenseitig d. h. die transcendentale Logik setzt die allgemeine voraus, weil ohne und gegen deren oberste Grundsätze, Satz des Widerspruchs und der Identität überhaupt kein Denken möglich ist, während andererseits wieder von der allgemeinen die transcendentale, allerdings nicht mit allen ihren Regeln, sondern nur betreffs des ihr zu Grunde liegenden Begriffs des „reellen Denkens" vorausgesetzt wird. (Log. 29).

Es ist dies eine fruchtbare Einsicht Maimons, das Abhängigkeitsverhältnis der formalen und transcendentalen Logik so bestimmt zu haben, dass sie sich beiderseitig ergänzen müssen. Maimon sieht auch wie Kant, dass die erstere allein zur Erlangung inhaltlicher Gewissheit sich unanwendbar zeigt, und dass es allgemeine und notwendige Denkgesetze den Inhalt des Denkens betreffend geben muss: Aber im Gegensatz zu Kant und als der erste unter Kants Nachfolgern legt er das Schwergewicht der Abhängigkeit beider Arten der Logik darein, dass eigentlich die transcendentale Logik es sei, die der formalen zu Grunde gelegt werden müsse. Um dies zeigen zu können, brauche man nur ihre ersten Sätze und Axiome in Betracht zu ziehen z. B. den Satz des Widerspruchs. Dieser ist ungenau, ja selbst unrichtig, wenn ich ihn so ausdrücke: kontradiktorisch entgegengesetzte Prädikate können nicht in einem Bewusstsein vereinigt werden, denn indem ich sage: A ist nicht non A, vereinige ich ja beide zu einer Einheit im Bewusstsein. Ich muss ihn vielmehr so ausdrücken: A kann nicht zugleich non A sein d. h. diese Verbindung beider ergiebt kein wirkliches, „reelles", Objekt. (Kr. U. 22). Ein reelles Objekt aber kann ich nicht anders erkennen und bestimmen als vermöge der transcendentalen Logik und speziell des ihr zu Grunde liegenden „Satzes der Bestimmbarkeit" als des Kriteriums des reellen Denkens, so dass also die transcendentale der formalen Logik zu Grunde zu legen ist.

Maimon unterscheidet 3 Arten des Denkens: das willkürliche, formelle und das reelle Denken.

Das willkürliche Denken hat nach Maimon gar keinen Grund und „ist deshalb gar kein Denken." Wenn ich z. B. die beiden Begriffe Linie und süss, die unabhängig von einander im Bewusstsein existieren, zu einer Einheit vereinige und dadurch den „Begriff" einer süssen Linie erhalte, so liefert dieser kein Erkenntnisobjekt, die Verbindung ist blos zufällig und das verknüpfende Denken verfährt in diesem Falle ganz willkürlich, denn Linie und süss stehen in gar keinem Zusammenhang mit einander. (Log. 2. Abschn. VI.)

Das formelle Denken hat zwar einen Grund in Beziehung auf ein Objekt überhaupt, aber ergiebt kein bestimmtes reales Objekt der Erkenntnis. Die Objekte des formellen Denkens sind allerdings nur in ihrer Verbindung darstellbar, aber diese Verbindung ergiebt kein reelles Objekt, sondern nur eine wechselsweise Beziehung zwischen beiden. Dieser Art sind z. B. die Begriffe von Ursache und Wirkung. Sie werden wohl zu einer Einheit im Bewusstsein verknüpft, und keines kann ohne das andere gedacht werden, aber diese Einheit ergiebt kein bestimmtes Objekt, sondern immer nur die gegenseitige Abhängigkeit der beiden von einander: Das Denken verfährt in diesem Falle blos formell. (Ebds.)

Das reelle Denken hat ausser dem Erkenntnisgrund, dem Satz des Widerspruchs, nach dem das formelle Denken verfährt und welcher blos die conditio sine qua non ist, noch einen positiven Realgrund in den zu verbindenden Objekten selbst.

Die Objekte des reellen Denkens, nämlich das Subjekt und Prädikat sind ohne Beziehung auf etwas anderes Gegenstände des Bewusstseins. Und zwar ist das eine derselben auch an sich, d. i. ausser der Verbindung mit dem andern darstellbar, während das andre nur in Verbindung mit dem ersten ein Gegenstand des Bewusstseins ist. So sind z. B. eine gerade Linie, ein spitzer Winkel und dgl. Begriffe reeller Objekte. Denn Linie und Winkel an sich sind auch ohne die Bestimmung des gerade- und spitzseins Gegenstände des Bewusstseins, während gerade- und spitzsein nur durch die Verbindung mit Linie und Winkel Objekte des Denkens werden. Linie und gerade, Winkel und spitz verhalten sich zu einander wie das Bestimmbare zur Bestimmung, werden verknüpft nach dem „Grundsatze der Bestimmbarkeit", der wie der Satz des Widerspruchs als oberster Grundsatz der allgemeinen Logik gilt, von Maimon als erster Satz der trancendentalen Logik, speziell des reellen Objekte bestimmenden Denkens aufgestellt wird. (Ebds.)

Derselbe zerfällt, wenn das Subjekt das Bestimmbare, das Prädikat die Bestimmung heisst, in 2 Sätze:

1) Grundsatz fürs Subjekt:

Das Subjekt in einem bestimmten Urteile muss an sich (d. h. ausser der Verbindung mit dem Prädikat) darstellbar sein.

2) **Grundsatz fürs Prädikat:**

Das Prädikat kann nicht an sich, sondern nur in der Verbindung mit dem Subjekte darstellbar sein. (Kr. U. 200.) Mit diesem „**Grundsatze**[1]) der Bestimmbarkeit" als Kriterium des reellen Denkens glaubte nun Maimon ein **Fundament** gefunden zu haben, von dem aus er eine Reform der ganzen Philosophie vornehmen könnte. So leitete er von demselben nicht nur die 3 Operationen der allgemeinen Logik (Begreifen, Urteilen, Schliessen), ferner die sogenannten Reflexionsbegriffe (Einerleiheit und Verschiedenheit etc.), die Urteile und Kategorien ab, sondern zeichnete auch genau den Umkreis des Gebietes, in dem die Objekte des reellen Denkens sich bewegen; brachte dadurch aber, wie wir im Folgenden sehen werden, innerhalb unsrer Erkenntniswelt selbst wieder eine **Scheidung** zweier Welten hervor: der **empirischen** und **mathemathischen Welt**.

Das **reelle Denken** also beruht auf der **Einsicht in das Verhältnis von Bestimmbarem und Bestimmung** zwischen den durchs Denken zu verbindenden Gliedern des Mannigfaltigen. Dies kann auf zweierlei Art bewerkstelligt werden: entweder wird das Bestimmbare (z. B. ein Dreieck) gegeben und seine Bestimmung (rechtwinklig) gesucht und durchs Denken mit dem Bestimmbaren zu einer Einheit des Bewusstseins verbunden (rechtwinkliges Dreieck), oder das aus Bestimmbarem und Bestimmung bestehende Bestimmte wird gegeben und das Bestimmbare wird gesucht und durchs Denken aus dem Bestimmten heraus entwickelt. Jenes ist

---

[1]) Zeller (Geschichte der deutsch. Phil.) bezeichnet den von Maimon aufgestellten Satz der Bestimmbarkeit (der Sache nach) nur als einen andern Ausdruck für den Satz des Grundes, „dass jeder Fortgang und jede Verknüpfung unsrer Gedanken durch den Zusammenhang von Grund und Folge bestimmt wird." In **weitester** Bedeutung gefasst, kann dem zugestimmt werden. Im übrigen kennt Maimon den **Satz des Grundes** ebenfalls, trennt von ihm sogar noch den Satz des zureichenden Grundes, den er der transcendentalen, während jenen der allgemeinen Logik zurechnet: Jener bezieht sich nur auf die logische Möglichkeit, dieser auf die reale Wirklichkeit der Objekte; und **in diesem** Sinne könnte er mit dem Satz der Bestimmbarkeit kombiniert werden.

das synthetische, dies das analytische Denken, welches sich in der Form der synthetischen und analytischen Urteile bethätigt. Synthetische Urteile sind also solche, in denen das Prädikat dem Subjekt unmittelbar beigelegt wird z. B. ein Dreieck kann rechtwinklig sein. Analytisch hingegen sind solche, in denen das Prädikat aus dem Subjekt durchs Denken unmittelbar gefolgert wird z. B. ein Dreieck hat drei Winkel. (Log. 122.)

Maimon weist hier auch darauf hin, dass nach der Kantischen nicht annehmbaren Unterscheidung zwischen analytischem und synthetischem Denken, wonach analytisch solche Urteile sind, wo das Prädikat im Begriffe des Subjekts, synthetisch hingegen solche, wo es nicht in seinem Begriffe enthalten, aber doch mit demselben zu einer objektiven Einheit des Bewusstseins verknüpt sei, die von Kant angeführten Beispiele analytischen Denkens, da sie ja nur Erklärungen und identische Sätze seien, unsre Erkenntnis natürlich nicht erweitern könnten. Nach Maimons Erklärung hingegen erweitere „sowohl das analytische wie synthetische Denken unsre Erkenntnis, nur mit dem Unterschiede, dass das analytische unsre Erkenntnis mit einer neuen Bestimmung des schon gedachten Objekts, das synthetische sie aber mit einem neuen Objekt erweitere." (Log. 29.)

Während es nach Kant sowohl synthetische Urteile a priori wie a posteriori gab, kennt Maimon, streng genommen nur solche a priori. Denn wenn das Mannigfaltige, welches durch die Synthesis verknüpft werden soll, nicht vom Bewusstsein hervorgebracht, sondern demselben a posteriori „gegeben", also nicht vollständig erklärbar ist, so kann auch seine Verknüpfung nicht vollständig sein und kein reales Objekt liefern. (Kr. U. 141.)

Das synthetische Urteil a priori, welches also in einer nach dem Grundsatz der Bestimmbarkeit durchs Denken zu einer objektiven Einheit erzeugten Verbindung des Mannigfaltigen besteht, kann nun identifiziert werden mit dem reellen Denken, welches im Bewusstsein jedes reelle Erkenntnisobjekt hervorbringt. Aber der Kreis, in dem das reelle Denken und damit die absolut notwendige und allgemeingültige Erkenntnis sich bewegt, wird von Maimon in seiner Geltung eingeschränkt allein auf das Gebiet der Mathematik. Das Erfahrungsgebiet wird davon ausgeschlossen, weil der Stoff unsrer Vorstellungen, der uns durch Erfahrung gegeben wird, das sind die Empfindungen, in unserm Bewusstsein „unbewusst" als „gegeben" sich vorfindet und wir seine Ursache und Entstehungsart nicht kennen, während das reelle Denken seine Objekte vermittelst des Grundsatzes der Bestimmbarkeit erzeugt. Demnach ist Erfahrungserkenntnis gleich einer irrationalen $\sqrt{2}$, der wir uns wohl allmählich annähern, die wir aber nie erreichen können, Erfahrungserkenntnis ist also stets unvollständige Erkenntnis, welche nicht wie die durch das reelle Denken hervorgebrachte Erkenntnis Allgemeinheit und Notwendigkeit besitzen kann.

Maimon unterscheidet noch zwischen einer engern und weitern Bedeutung des Wortes Erfahrung. Erfahrung im engern Sinne ist nach ihm die durch Wahrnehmung erlangte Erkenntnis des Konkreten z. B. dieser Ofen ist warm. Erfahrung im weitern Sinne begreift die Erkenntnis des Abstrakten in sich z. B. Feuer wärmt. Erfahrung in noch weiterm Sinne bedeutet die subjektive Bedingung des Übergangs von der Erkenntnis im ersten zur Erkenntnis im zweiten Sinne; sie setzt also oftmalige Wiederholung voraus. Aus dieser Wiederholung kann wohl „subjektive", nie aber „objektive" Notwendigkeit in Bezug auf diese Wahrnehmungen entstehen. (Kr. U. 166.)

Nach Maimon ist nämlich der Unterschied zwischen Subjektivem und Objektivem in der Erkenntnis der, dass das erstere mit den Veränderungen des Subjekts sich zugleich verändert, während das letztere unverändert bleibt. Ausgeschlossen ist hierbei natürlich, dass dies Objektive ausserhalb des Bewusstseins liegt, denn für Maimon giebt es ja keine Objekte ausserhalb des Bewusstseins; es ist also in der Erkenntnis selbst zu suchen. Da findet nun Maimon, dass dasjenige, welches bei allen Veränderungen des Subjekts unverändert bleibt, also das Objektive, der Raum sei.

Ein Mensch, möge er jung oder alt, gesund oder krank sein, könne sich doch keinen Körper anders als ausgedehnt im Raume vorstellen, während die Vorstellungen z. B. der Farbe, des Geruchs, Geschmacks etc. sich zugleich mit dem sich verändernden Subjekt verändern.

„Die Vorstellung des Raumes ist also das Objektive, dahingegen alle Empfindungsvorstellungen das Subjektive, weil sie durch den besonderen Zustand des Subjekts bestimmt werden." (Log. 119).[1])

Diese Aufstellung des Raumes als des alle objektive d. i. reelle Erkenntnis bedingenden Momentes bietet zugleich Gelegenheit, die in verschiedener Hinsicht interessanten Erörterungen Maimons über den Raum, verbunden mit denen über die Zeit, einer nähern Betrachtung zu unterziehen.

Raum und Zeit sind nach Maimon die dem Erkenntnisvermögen a priori gegebenen „Stoffe" der Mathematik, die durchs Denken alle möglichen Formen annehmen und also „reelle" Objekte der reinen Mathematik werden. Ein jedes Objekt der Mathematik besteht nämlich aus dem allgemeinen „Stoff" Raum und Zeit, und einer besondern Form, welche beide a priori sind, nur mit dem Unterschiede, dass der „Stoff" (Raum und Zeit) dem Erkenntnisvermögen a priori gegeben, also in seiner Entstehungsart im Bewusstsein

---

[1]) Aus diesen Worten Maimons geht deutlich hervor, dass die sinnliche d. h. doch wohl Empfindungsvorstellung subjektiver Art ist, dass also damit, was Erdmann (Gesch. d. neu. Phil. Bd. III. 1. Abtlg. p. 522) sagt: „darum ist das Objektive, was den Vorstellungen von Raum und Zeit zu Grunde liegt, nichts anderes als die primitiven verschiedenen Empfindungen" hinfällig wird. Nicht die Empfindungen liegen Raum und Zeit als das Objektive zu Grunde, im Gegenteil sind Raum u. Zeit das Objektive, das den Empfindungen zu Grunde liegt. Auch haben ja die Empfindungen gar nicht den Charakter des Objektiven, der nach Maimon in der Unveränderlichkeit bestehen soll; denn sie verändern sich, indem, wie oben gezeigt war, aus ihnen Anschauungen entstehen. Eine andre Stelle (Log 139) giebt gleichfalls eine unsrer Auffassung gemässe Erläuterung: „das Objektive in den Gegenständen der Erkenntnis ist dasjenige in einem Gegenstande des Bewusstseins, wodurch es nicht blos als ein Zustand des Subjekts d. i. Empfindung, sondern . . . . als Objekt bestimmt wird."

unbekannt ist, während die „Form" nach dem Grundsatze der Bestimmbarkeit a priori hervorgebracht wird. (Log. 125).

Raum und Zeit sind ferner die einzigen Vorstellungen, wodurch sich eine jede sinnliche Erkenntnis auf ein Objekt bezieht, oder vielmehr sie machen das Objektive in jeder sinnlichen Erkenntnis aus. Denn ohne dass uns Dinge in Raum und Zeit gegeben wären, würden wir zwar Empfindungen, aber keine Vorstellungen von Objekten haben. Demnach sind sie Bedingung eines jeden Objekts der Sinnlichkeit überhaupt; und zwar ist Raum Bedingung der äussern, Zeit der innern Anschauung eines Objekts der Sinnlichkeit. (Kat. 205 u. Log. 127.)

Dass der Raum keine den Dingen an sich inhärierende Eigenschaft und kein Verhältnis derselben sei, hatte Kant schon gegen die Dogmatiker bewiesen und ihn als transcendentale Form der äussern Objekte der Anschauung überhaupt, sowie die Zeit als Form der innern Anschauung gefasst. Maimon geht nun über Kant hinaus und behauptet:

„Raum ist auch keine transcendentale Form der äussern Objekte der Anschauung, wie es Kant und die kritischen Philosophen haben wollen, sondern er ist die transcendentale Form von der Verschiedenheit der äussern Objekte und wird blos durch eine Illusion der Einbildungskraft für eine transcendentale Form der äussern Objekte gehalten. Ebenso ist auch die Zeit nicht die Form innerer Anschauungen überhaupt, sondern blos ihrer Verschiedenheit." (Streif 260).

Hiermit zeichnet Maimon auch die Grenze zwischen Raum und Zeit genauer, als es die kritischen Philosophen gethan hatten. Bei diesen galt Zeit sowohl als Form der innern wie der äussern Anschauungen, Raum nur als Form der äussern. Bei Maimon haben beide als transcendentale Formen der Verschiedenheit d. h. als die bestimmten Arten, das gegebene Mannigfaltige zu einer Einheit zusammenzufassen, ihr bestimmt beschränktes Gebiet und sind die Bedingungen der Möglichkeit eines Urteils über die Verschiedenheit der Objekte. Der Raum also ist die Form der Verschiedenheit der äussern Objekte d. h. wir können uns vermöge der Einrichtung unsrer Natur keine sinnlichen Objekte als verschieden von uns und von einander vorstellen, wo wir sie nicht zugleich im Raume ausser uns und ausser einander vorstellen. Ebenso ist auch die Zeit nicht die Form innerer Anschauungen überhaupt, sondern blos ihrer Verschiedenheit. Wo keine Verschiedenheit der Vorstellungen unsres innern Zustandes anzutreffen ist, kann auch keine Zeitfolge stattfinden. Wenn wir uns z. B. einen Fluss im Raume vorstellen, so wäre es unmöglich, ihn in seiner Gleichförmigkeit zu erkennen, wenn wir von den am Ufer befindlichen verschiedenen Gegenständen abstrahierten; nur dadurch, dass wir ihn und seine Teile auf seine Umgebung beziehen, ist der Fluss für uns erkennbar und wird als solcher im Raum als der transcendentalen Form, in der das gegebene Mannigfaltige zur Einheit zusammengefasst ist, als Objekt unsres Bewusstseins dargestellt.

Für Kant waren Raum und Zeit nur Anschauungsformen und zwar „subjektiver Art". Für Maimon werden sie zu objektiv notwendigen Formen, die für jedes Subjekt notwendige Gültigkeit haben[1]), wenn Raum und Zeit als Be-

---

[1]) Wenn Maimon die Kantischen Anschauungsformen Raum und Zeit als solche „subjektiver Art" bezeichnet, so können wir uns diesen Ausdruck „subjektiv" im Maimonschen Sinne nur klar machen, indem wir wieder den von ihm bekämpften Zweiweltenstandpunkt betreten und diese beiden Welten in ihrer Gegensetzlichkeit ins Auge fassen: Die eine Welt nämlich, die Erscheinungs- oder Sinnenwelt soll „innerhalb" unseres erkennenden Bewusstseins, die andere, die Ding-an-sich-Welt ausserhalb" desselben liegen. Da nun nach dieser Auffassung dasjenige, was in uns liegt d. i. das, was uns durch die Empfindungen geliefert wird (die Erscheinungen), nur „subjektive" Gültigkeit haben kann, während die „objektive Realität in einem transcendenten Reiche der Dinge an sich verborgen liege, und da ferner nur die Erscheinungen in Raum und Zeit auftreten können, die Dinge an sich hingegen ausserräumliche und ausserzeitliche Substrate der Erscheinungen bilden, so kann Maimon eben in diesem

griffe ins Auge gefasst werden. Maimon unterscheidet nämlich Raum und Zeit als Begriffe und als Anschauungen. Eine Anschauung hat ja, wie wir gesehen haben, ebenso wie die Empfindungen den Charakter des „Gegebenen"; ihren Stoff bildet ein verschiedenes Mannigfaltiges ohne verknüpfende Einheit. Dieses Mannigfaltige nun kann ohne Raum und Zeit nicht in unserm Bewusstsein gegeben sein: Raum und Zeit sind deshalb Anschauungen. Andrerseits kann dies Mannigfaltige nur durch und in den Formen von Raum und Zeit vermöge des Satzes der Bestimmbarkeit zu einer objektiven Einheit verknüpft d. i. gedacht werden: Raum und Zeit sind demnach auch Begriffe. (Trph. 22).

Da der Raum als Form der Verschiedenheit der Objekte d. h. des Aussereinanderseins derselben gilt, also immer auf mehrere Gegenstände sich bezieht, so ist er nicht etwa ein von den Erfahrungsgegenständen abstrahierter Begriff. Denn wenn auch die Anschauung eines Gegenstandes im Raum als Einzelanschauung angesehen und ihr Gegenstand als ein einzelner betrachtet werden kann, so sind wir doch immer wieder gezwungen, diesen Gegenstand im Verhältnis seiner Teile oder zu den ihn umgebenden Gegenständen zu betrachten; so dass also der Raum, der ja nicht an den einzelnen Gegenständen haftet, sondern a priori das Verhältnis zwischen ihnen ausmacht, nicht von den Gegenständen abstrahiert werden kann. (Kr. U. 75).

Also dieses Raumverhältnis zwischen den Gegenstän-

---

die beiden Welten als „subjektive und objektive" gegenüberstellenden Sinne Raum und Zeit als Anschauungsformen „subjektiver Art" bezeichnen, aber auch nur in diesem Sinne, nicht etwa in dem, dass sie für die „Erscheinungen" nicht objektive Gültigkeit hätten. Denn sie sind ja die constituierenden Momente der Erscheinungs- d. i. Erkenntniswelt und haben als solche objektive Gültigkeit d. i. Allgemeinheit und Notwendigkeit ebenso wie für Maimons Erkenntniswelt, nur dass es für diesen blos eine Welt, die Bewusstseinswelt giebt, neben welcher eine Ding-an-sich-Welt keine Existenzberechtigung hat, so dass demnach auch der in angegebener Beziehung angeführte Unterschied zwischen subjektiv und objektiv für Maimon wegfällt, und Raum und Zeit für seine Bewusstseinswelt die gleiche Notwendigkeit und Allgemeinheit haben wie für Kants Erkenntniswelt.

den wird nicht erst durch die bestimmten Gegenstände, zwischen denen es stattfindet, bestimmt; denn sonst müsste es so viele Räume geben, als Verhältnisse zwischen Gegenständen sich zeigen, sondern der Raum ist die Bedingung von der Vorstellung der Verschiedenheit überhaupt. Da durch die Verschiedenheit an sich als blosser Reflexionsbegriff nicht bestimmt wird, auf welche Objekte sie sich bezieht, und die Verschiedenheit unendlich ist, so kann es auch nur einen unbegrenzten, absoluten und unendlichen Raum geben. Dieser absolute, a priori als Bedingung der Verschiedenheit äusserer Objekte gedachte Raum ist unendlich und erkennbar, allerdings nur als Idee, der wir uns allmählich annähern, die wir aber nie erreichen können. Denn wie die Teilbarkeit einer Linie keine Grenzen hat, und man die Teilung immer soweit treiben kann, als es zum Behufe einer geometrischen Forschung erforderlich ist, so ist auch der Raum nur so ein Gegenstand der Geometrie, wie die unendlichen Reihen Gegenstände der Arithmetik sind.

Dieser absolute Raum ist unendlich, nicht aber der empirische Raum, der durch eine gegebene Verschiedenheit gegeben wird. Wird er als über diese gegebene Verschiedenheit hinaus ins Unendliche sich erstreckend vorgestellt, so beruht dies auf einem Spiel unsrer Einbildungskraft. (Kr. U. 76 und 136.)

Auf diese ist auch die Fiktion des leeren Raumes zurückzuführen, welche dadurch entsteht, dass „die Einbildungskraft anstatt dem Verstande gemäss den Raum blos als eine Form oder Art sinnlicher Dinge in Beziehung auf einander zu denken, ihn transcendent macht d. h. als Ding an sich vorstellt." (Trph. 399.)

Die Erörterungen Maimons über Raum und Zeit drehen sich übrigens meist nur um die nähere Charakteristik des Raumes, während er die Zeit „wegen der auffallenden Ähnlichkeit" mit dem Raume nur beiläufig in seine Untersuchungen hereinzieht.

Zeit hat als Anschauung nach Maimon drei Bestimmungen, die denen des Raumes entsprechen: Zeitpunkt entspricht dem

Ort; Zeitfolge dem durch verschiedenartige, und Dauer dem durch gleichartige Gegenstände bestimmten Raume. (Kr. U. 85.) Zeit ist ebenso wie Raum die Bedingung einer möglichen Verschiedenheit, letzterer die der Verschiedenheit äusserer Gegenstände, Zeit die der inneren Zustände; sie ist also auch wie der Raum als a priorische Anschauung ein **unendliches Continuum**, wird jedoch durch die gegebene **empirische** Verschiedenheit, welche selbst immer begrenzt ist, **begrenzt**; und es ist ein **Spiel der Einbildungskraft**, wenn sie die Zeit über die gegebene Verschiedenheit hinaus als unendlich sich vorstellt. (Ebds.)

Maimon scheint, wie aus allen seinen Schriften hervorgeht, immer mit besondrer Vorliebe sich an diese Erörterungen über Raum und Zeit gemacht zu haben. Schon in seinem Erstlingswerke hat er ihnen im Anschluss an die Betrachtungen über das „Gegebene", „die Empfindungen oder Differentiale des Bewusstseins" eine ziemlich ausführliche Darstellung gewidmet, und es ist sehr wahrscheinlich, dass diese Untersuchungen für Fichte die Anregung gegeben haben zu seiner Theorie der Empfindungen, Analysis der Anschauungen und der damit zusammenhängenden Deduktion von Raum und Zeit, die wir in allerdings etwas lockerm Zusammenhange in Fichtes „Grundlage der gesammten Wissenschaftslehre" und hauptsächlich im „Grundriss des Eigentümlichen der Wissenschaftslehre" dargestellt finden.

Wie bei Maimon die Empfindung sich in unserm Bewusstsein „unbewusst" und unbekannt in ihrer Entstehung vorfindet, so ist sie auch für Fichte die allerunterste und niedrigste Stufe in der Entwicklung des theoretischen Ich, wo das Ich sich in dem Zustande einer „bewusstlosen" Thätigkeit als leidend findet d. h. empfindet; ein Zustand, in dem noch nicht zwischen äusserer und innerer Empfindung, zwischen Empfindendem und Empfundenem unterschieden wird.

Wie bei Maimon die Anschauung als die nächst höhere Stufe aus der Empfindung sich ergab, so auch bei Fichte. Die Reflexion nämlich auf die Empfindung ergiebt als Produkt ein dem Ich Entgegengesetztes, es Begrenzendes, ein

Nicht-Ich. Aber dieser Thätigkeit wird sich das Ich noch nicht bewusst; es ist mit seiner Thätigkeit ganz im Objekte verloren; und dieses sich selbst in dem Objekte seiner Thätigkeit verlierende, vergessene Ich ist die Anschauung. Wie ferner bei Maimon Raum und Zeit die Verschiedenheit der äussern Objekte zu ihrer Erkennbarkeit voraussetzten, so auch bei Fichte. Bei diesem werden nämlich die Objekte der Anschauungen als Äusserungen freier vom Ich unabhängiger Kräfte gesetzt gedacht, deren Verhältnis und gegenseitige Abhängigkeit das Nebeneinander, den Raum als Bedingung der äussern, deren einseitige Abhängigkeit das Nacheinander, die Zeitreihe als Bedingung der innern Anschauungen ergiebt.

Raum und Zeit sind also nach Maimon die a priori gegebenen Bedingungen einer jeden bestimmten Erkenntnis, die Formen oder bestimmten Arten, wodurch das gegebene Mannigfaltige in seiner Verschiedenheit zu einer Einheit im Bewusstsein verknüpft wird. Hiermit haben wir zugleich die Formel für das synthetische Urteil a priori gefunden, welches ja in einer nach dem Grundsatz der Bestimmbarkeit durchs Denken zu einer objektiven Einheit erzeugten Verbindung des Mannigfaltigen bestand, und haben nun dadurch auch, da ja das synthetische Urteil a priori identisch ist mit der Thätigkeit des „reellen" Denkens, die Bedingungen dieses reellen Denkens, welches vor sich geht nach dem Grundsatz der Bestimmbarkeit, aufgestellt: Raum und Zeit sind die Bedingungen des reellen Denkens, sie sind das Bestimmbare, ohne welches die Bestimmung (das Mannigfaltige) kein Gegenstand des Bewusstseins sein kann. Aber die Sphäre des „reellen" Denkens schränkt sich ein auf das Gebiet der Mathematik, weil wir nur hier das Verhältnis von Bestimmbarem („Stoff" der mathematischen Objekte) und Bestimmung („Form" derselben) und ihre Vereinigung zu einer objektiven Einheit im Bewusstsein vorfinden. Nur die mathematische Erkenntnis ist allgemeingültig und notwendig, nicht die Erfahrungserkenntnis. Zwar ist ja der empirische Stoff unsrer Vorstellungen, den die Empfindungen ausmachen, ebenfalls wie Raum und Zeit (als „Stoff" der Objekte der Mathematik) etwas „Gegebenes", dessen Ursache und Entstehung im Bewusstsein unbekannt ist; aber da der empirische Stoff a posteriori, Raum und Zeit hingegen a priori vor jeder empirischen Erkenntnis und als Bedingung einer jeden Erkenntnis überhaupt gegeben ist, da ferner auch die Form der mathematischen Objekte als die zum Bestimmbaren (Raum und Zeit) gehörende Bestimmung a priori nach dem Grundsatz der Bestimmbarkeit hervorgebracht wird, so dass die Objekte der Mathematik vom Bewusstsein und mit Bewusstsein produziert werden, während das empirische Objekt als „gegeben" und somit in seiner Entstehung unbekannt sich in unserm Bewusstsein vorfindet, so haben wir nur im Gebiete der Mathematik objektive Realität, im Erfahrungsgebiet hingegen blos subjektive Gewissheit: nur die mathematische Erkenntnis liefert vollständige Erkenntnis, die Erfahrungserkenntnis ist irrational.

So setzt sich also die Maimonsche Welt folgendermassen zusammen: Ihr Fundament ist das „Bewusstsein überhaupt. Dasjenige, welches wir im Bewusstsein als „gegeben" vorfinden, ist in seinem letzten Ursprunge unbekannt, die Erkenntnis desselben ist unvollständig, irrational. Nun hat der empirische Stoff den Charakter des „Gegebenen", folglich ist die empirische Erkenntnis irrational. Anders verhält es sich mit dem durch das „reelle" Denken nach dem Grundsatze der Bestimmbarkeit Produzierten. Da wir dies selbst mit Bewusstsein erzeugen, so kennen wir seine Entstehung, und nur eine solche Erkenntnis liefert vollständiges Wissen. Da wir aber das Verhältnis, welches der Satz der Bestimmbarkeit verlangt, nur in der Mathematik antreffen, so kann auch nur die mathematische Erkenntnis vollständige Erkenntnis liefern. So treten sich nun innerhalb unsrer Erkenntniswelt die empirische und mathematische Welt selbst schroff gegenüber:

	Bewusstsein überhaupt
das Gegebene	das nach dem Satz der Bestimmbarkeit Produzierte
irrationale Erkenntnis	reelle Erkenntnis
Erfahrung	Mathematik.

Scheint aber nicht Maimon gerade hierdurch das einheitliche Fundament, auf dem sein philosophisches System sich aufgebaut, „das Bewusstsein überhaupt" wieder zu unterwühlen und zu untergraben? Hätte er nicht consequenter Weise, da er die beiden Erkenntnisstämme Sinnlichkeit und Verstand auf ihre gemeinschaftliche Wurzel reduziert und aus dieser alle Erkenntnis herleitete, der empirischen Erkenntnis dieselbe Gleichberechtigung wie der mathematischen zugestehen müssen, zumal es ja gerade die Trennung der beiden Erkenntnisweisen, Sinnlichkeit und Verstand war, welche Kant dahin brachte, die Frage nach der Möglichkeit der Mathematik und reinen Naturwissenschaft, welch letztere ihre Sätze aus der Erfahrung nimmt, abgesondert zu behandeln? Muss nicht dieser Dualismus, diese Trennung des Mathematischen und Empirischen uns immer wieder Anlass zu Bedenken geben und uns unbefriedigt von der unvollständigen Lösung des Problems immer wieder zu der Frage drängen: Wenn beide Arten der Erkenntnis aus der Einheit unsres Bewusstseins stammen, sollte nicht auch die empirische Erkenntnis ebenso wie die mathematische den Namen des reellen Denkens erwerben können? Dies zu bewerkstelligen giebt es nur einen Weg: man zeige wie das „Gegebene", welches der empirischen Erkenntnis als Stoff zu Grunde liegt, und welchem Maimon eine unbegreifliche Entstehung zugeschrieben hatte, als solcher uns bewusst und von uns begriffen wird. Diesen befreienden Schritt selbst vermochte Maimon nicht zu thun.

III.
Maimons Kategorienlehre und sein eigentümlicher philosophischer Standpunkt.

In der Trennung der empirischen und mathematischen Wissenschaft als der beiden Gebiete des irrationalen und des reellen Denkens ist schon Maimons eigentümlicher Standpunkt Kant gegenüber enthalten und erkennbar: Er schränkt die Gewissheit ein auf die mathematische und bezweifelt die Allgemeingültigkeit und Notwendigkeit der empirischen Erkenntnis. Die selbstverständliche Folgerung, die sich für Maimon hieraus ergiebt und die wir kurz zusammenfassend im Voraus angeben wollen, ist die Leugnung der Anwendung der Kategorieen auf empirische Objekte, deren Berechtigung Kant dadurch nachgewiesen zu haben meinte, dass es ohne dieselben überhaupt keine Erfahrung d. h. objektiv geltende Erkenntnis gäbe.

Kant setzte also solche Erfahrungssätze voraus, auf welche die Kategorien Anwendung finden können. Maimon hingegen bezweifelt dies, und hierin ist sein eigentümlicher kritisch-skeptischer Standpunkt gegründet.

Doch ehe wir hierauf näher eingehen, ist es wohl angemessen, erst die Entwicklung der Kategorien, wie wir sie bei Maimon vorfinden, kurz zu verfolgen.

Die Kategorien erklärt Maimon als die a priori bestimmten Elementarprädikate aller „reellen" Objekte, welche in dem Grundsatze der Bestimmbarkeit enthalten sind und durch dessen vollständige Entwicklung gefunden werden. (Kr. U. 204).

Die Kantische Art die Kategorien aus den aus der Logik bekannten Urteilsformen herzuleiten und ihre Gültigkeit festzustellen, hält Maimon für unsicher. Denn es lassen sich hier die Fragen aufwerfen: Nach welchem Prinzip kann sich denn die Logik der Vollständigkeit dieser Formen versichern? Ferner: Nach welchem Prinzip bestimmt überhaupt die Logik diese Urteilsformen selbst? Nach ihrem obersten Grundsatze, dem des Widerspruchs? Dieser bildet ja nur ein negatives

Kriterium für die Möglichkeit eines Objekts überhaupt, enthält aber durchaus keine positiven Merkmale zur Bestimmung eines reellen Objekts. Und welche Bedeutung haben nun diese Urteilsformen, wenn sie nicht auf ein solch „reelles", sondern auf ein unbestimmtes Objekt überhaupt bezogen werden? Nehmen wir z. B. die allereinfachsten, allen Urteilen zu Grunde liegenden Formen „Bejahung und Verneinung", und fragen nach ihrer Bedeutung, wenn sie auf ein Objekt überhaupt und nicht auf ein reelles Objekt bezogen werden. Dann bedeutet Bejahung eine „Übereinstimmung" zwischen Subjekt und Prädikat, Verneinung Mangel dieser Übereinstimmung; woraus zu ersehen ist, dass die logischen Formen Bejahung und Verneinung die transcendentalen „Etwas und Nichts" voraussetzen und ohne sie gar keine Bedeutung haben. Also weit entfernt wie Kant die Urteilsformen den Kategorien zu Grunde zu legen, müssten vielmehr jene aus diesen hergeleitet werden. (Log. 153 ff.).

Deshalb, so schliesst Maimon, hat Kant auch die Grenzen in seinen kritischen Untersuchungen viel zu eng gezogen, wenn er den Kategorien die Urteilsformen zu Grunde legt, ohne vorher selbst darüber Untersuchungen anzustellen, wie doch die Logik selbst zur Bestimmung in Vollzähligmachung dieser Formen gekommen ist. „Schon diese präzise Einteilung der Formen in 4 Hauptklassen, sagt Maimon (Log. 288), die wiederum je 3 Formen unter sich begreifen, hat etwas Gesuchtes und Geheimnisvolles an sich, so dass ein jeder Selbstdenker Misstrauen dagegen fassen muss. Ich werde mich wenig darum kümmern, ob ich 12 Formen nach den Stämmen Israels herausbringen werde, wenn ich nur von dem, was ich herausbringe, werde Rechenschaft geben können."

Der grundlegende Satz der Bestimmbarkeit ermöglicht nun Maimon auf leichte Weise sowohl die Herleitung der Kategorien wie auch der Urteilsformen, und zwar letztere unter bedeutender Vereinfachung der bisherigen Einteilung der Urteile. Es ergiebt sich nämlich für Maimon, dass nur die Urteilsformen der Qualität vermöge des Grundsatzes der Bestimmbarkeit Existenzberechtigung haben, während die andern sich teils auf diese zurückführen lassen, teils überhaupt zu streichen sind. Indem Maimon aus diesen Qualitätsurteilen noch die sogenannten unendlichen Urteile eliminiert, weil sie nicht im Verhältnis der Bestimmbarkeit stehen (z. B. Tugend ist nicht viereckig), lässt er also von sämmtlichen bisher aufgestellten Urteilen nur die bejahenden und verneinenden bestehen, auf die er die andern zurückführt.

Die Urteile der Quantität haben für Maimon gar keinen philosophischen Ursprung, weil sie nur zusammengesetzte Sätze oder Schlusssätze abgekürzter Schlüsse sind. So ist z. B. das „allgemeine" Urteil: „alle Menschen sind Tiere" nach Maimon ein aus folgenden Sätzen zusammengesetztes: alle Menschen sind Menschen. Mensch ist Tier; folglich sind alle Menschen Tiere. (Log. 54). Wie die Einteilung der Urteile der Quantität nach, sind auch die der Relation und Modalität nach zu entbehren, weil sie schon durch die Qualität bestimmt sind.

Die Urteile der Relation, kategorische, hypothetische und disjunctive lassen sich alle auf das kategorische zurückführen. Denn das disjunktive ist aus mehreren kategorischen zusammengesetzt, das hypothetische ist „der Wahrheit unbeschadet" nur ein andrer Ausdruck für das kategorische; ja man kann sogar an der Realität der hypothetischen Urteile überhaupt zweifeln, weil wir sie nie in den reinen Wissenschaften, wie z. B. in der Mathematik antreffen, sondern nur in Naturbegebenheiten, welche aber als Erfahrungsurteile geleugnet werden können und demnach den Begriff des hypothetischen Urteils blos problematisch machen. (Trph. 183 Kr. U. 50).

Demnach fallen also die disjunktiven und hypothetischen Urteile mit den kategorischen zusammen, und dieses wiederum lässt sich, weil in ihm das Verhältnis von Bestimmbarem und Bestimmung wie in denen der Qualität anzutreffen ist, auf letztere zurückführen.

Auf gleiche Weise die Modalitätsurteile, von denen noch die assertorischen auszuschliessen sind, da sie ebenso wie die hypothetischen nur in empirischen Wissenschaften vorkommen, und also mit diesen auch in ihrer objektiven Realität bezweifelt werden können. (Kr. U. 52.)

Aus diesen Urteilsformen also, welche Maimon durch Zurückführung auf die der Qualität in der That sehr vereinfacht hat, lassen sich nicht, wie Kant es haben wollte, die Kategorien herleiten, sie legen vielmehr ebenso wie diese selbst den Grundsatz der Bestimmbarkeit zu Grunde und ergeben sich aus ihm ebenfalls wie diese.

So die **Kategorien der Quantität**: Das Bestimmbare bezieht sich auf seine möglichen Bestimmungen, wie **Einheit** auf **Vielheit**. Diese Vielheit der Bestimmungen wird aber durch ihre Beziehung auf die Einheit des Bestimmbaren selbst als eine Einheit gedacht: **Allheit**. (Kr. U. 204.)

Die Kategorien der **Qualität**: Einem jeden Bestimmbaren als Subjekt kommt eins von allen möglichen Prädikaten oder sein Gegenteil zu: **Realität, Negation**. Die Anzahl der möglichen Bestimmungen wird noch dadurch limitiert, dass nur diejenigen objektive Realität besitzen, die dem Grundsatze der Bestimmbarkeit gemäss sind: **Limitation**. (Kr. U. 205.)

Was die Kategorien der **Relation** betrifft, so rechnet Maimon zu diesen nur Substanz und Accidenz, sowie Wechselbestimmung, während er die der **Kausalität** als blosse **Bedingung des Denkens** empirischer, nicht aber reeller Objekte überhaupt eigentlich **aus der Zahl der Kategorien gestrichen** wissen will, ihr aber doch, wie wir später sehen werden, eine mittelbare Anwendung zugesteht. Die drei angegebenen Kategorien leitet Maimon so ab: Das Bestimmbare ist unabhängig von der Bestimmung, diese dagegen abhängig von jenem: **Substanz** und **Accidenz**. Z. B. der Begriff des rechtwinkligen Dreiecks zeigt uns Dreieck als Substanz, rechtwinklig als Accidenz. Steht das Bestimmbare und die Bestimmung in wechselseitigem Verhältnis d. h. können beide sowohl als Subjekt wie als Prädikat gedacht werden, so erhalten wir die Kategorie der **Wechselbestimmung**; z. B. in dem Urteil: ein Dreieck hat drei Winkel, werden drei Seiten und drei Winkel in einer Wechselbestimmung gedacht. (Log. 164.)

Die Kategorien der Modalität: Dem Bestimmbaren kommt eine von allen seinen möglichen Bestimmungen notwendig zu: Notwendigkeit. Es können ihm aber auch noch andere Bestimmungen zukommen: Möglichkeit. Die gesetzte Bestimmung ergiebt den Begriff der Wirklichkeit. Da es uns weniger auf die Entwicklung der Kategorien als auf ihre Anwendbarkeit d. i. ihre Deduktion ankam, so sehen wir davon ab, das Bemühen Maimons, diese obersten Stammbegriffe des Verstandes aus einem einheitlichen Grunde, dem Satz der Bestimmbarkeit abzuleiten, eingehender zu kritisieren. Es leuchtet ein, dass diese formelle Herleitung der Kategorien für die Erkenntnistheorie und Logik wenig Nutzen gewährt: doch ist das Streben Maimons selbst, einen solchen Einheitsgrund aufzufinden, durchaus zu loben und zu rechtfertigen; auch die spätere Zeit hat dies Ziel zu erreichen gesucht, und die moderne Zeit glaubt die Lösung gefunden zu haben, indem sie die Kategorien erklärt als „die Grundkraft selbst, welche eben das Bewusstsein ist, oder die Fähigkeit des Menschen sich eines Gegebenen bewusst zu werden, es sich in dieser Weise anzueignen." (Schuppe, Erkenntnistheoret. Logik § 28.)

Doch nun zur Deduktion der Kategorien! Eine Deduktion hat nach Maimon dies mit einem Beweise gemein, dass die eine sowohl wie der andere auf Entwicklung der Begriffe und Absonderung der subordinierten von den koordinierten Merkmalen beruht. (Kat. 213.) Es giebt nun Begriffe z. B. der Mathematik, die keine Deduktion erfordern; es giebt aber auch welche, die selbst keine Objekte sind, sondern sich auf Objekte a priori beziehen. Diese erfordern in Ansehung ihrer objektiven Realität eine Deduktion. Von dieser Art sind die Kategorien. (Kat. 219.)

Kant hatte die Anwendbarkeit der Kategorien auf Erscheinungen dadurch nachzuweisen gesucht, dass es ohne dieselben keine Erfahrungen d. h. allgemeingeltende Erkenntnis gebe, dass also an Stelle des zufälligen Zusammenhanges der Wahrnehmungen der notwendige der Erfahrung im eigentlichen und strengen Sinne des Wortes trete.

Aber das ist ja gerade der Punkt, an dem die Humesche Skepsis ansetzte, und die Maimon voll und ganz wieder aufnahm: die Bestreitung allgemeingültiger Erfahrungssätze. Denn die Erfahrung biete uns keineswegs absolute Gewissheit, sondern nur Annäherung zur Gewissheit, die einen „subjektiven" Grund habe, deren Folgen aber mit den Folgen einer absoluten Gewissheit verwechselt würden. Der vermeintliche Gebrauch der Erfahrungssätze sei eine Täuschung und beruhe auf dem Gesetz der Ideenassoziation, welchem keine absolute Gewissheit zukomme. (Kr. U. 151.) Im Einverständnis mit Hume, aber gegen Kant bestreitet Maimon also die Anwendung der Kategorien auf Erfahrungsbegriffe; im Einverständnis mit Kant und gegen die dogmatische Philosophie schliesst er ihren Gebrauch aus vom Gebiet der Dinge an sich, weil diese für ihn ja überhaupt nicht existieren, demnach auch nicht im Verhältnis der Bestimmbarkeit stehen können. (Log. 190.)

Kant hatte den wirklichen Gebrauch der Kategorien von empirischen Objekten als ein unbezweifeltes Faktum angenommen und die Anwendung durch den transcendentalen Schematismus vermitteln und begründen zu können gemeint. Das bekannte Beispiel, das er anführt, ist ja das der Causalität: das Feuer wärmt den Stein d. h. Feuer ist die Ursache von der Erwärmung des Steines, ein für Kant nicht zu bezweifelndes Faktum, weil, wie Maimon erörtert, das Causalitätsverhältnis uns durch Erfahrung lehrt, dass, wenn Feuer auf den Stein einwirkt, „immer" Wärme darauf folgen muss. Dieses „immer" ist bei Kant das vermittelnde Schema, welches also die Notwendigkeit dieser Folge bezeichnen soll. „Hierauf aber, sagt Maimon (Trph. 72) würde Hume antworten: Es ist nicht wahr, dass wir hier eine notwendige Folge wahrnehmen, sondern es ist nur die von mir oft wahrgenommene Folge der Erwärmung des Steines auf die Gegenwart des Feuers."

Wenn man diese Wahrnehmung als einen allgemeingültigen Satz aufstellen wollte, so müsste man wissen, dass diese Succession immer stattfinde. Dies kann man aber nicht beweisen; man kann nur zeigen, dass es gewöhnlich der Fall ist, und es ist deshalb nur eine Assoziation der Wahrnehmungen, aber kein Verstandesurteil. Jenes „immer", welches die vollständige Erkenntnis voraussetzt, ist für einen endlichen Verstand nur ein Näherungswert, den er nie erreichen kann. (Kr. U. 154.) Um das Faktum selbst wider Hume zu beweisen, müsste man zeigen können, dass auch Kinder, wenn sie das erste Mal diese Wahrnehmung haben, sogleich urteilen: Feuer ist Ursache von der Erwärmung des Steines; was sich aber schwerlich thun lassen wird. (Trph. 73.) Auf dieses „zweihörnige Dilemma", wie sich Maimon (Log. 192) ausdrückt, gründet sich sein Skeptizismus. Entweder ist das Faktum an sich, dass Erfahrungserkenntnis apodiktische Gewissheit liefert, falsch, und Einbildungskraft ist hierbei im Spiel, dann haben die Kategorien gar keinen Gebrauch; oder es ist an sich wahr, dann fehlt zwischen den Kategorien als den a priori bestimmten Elementarprädikaten der reellen Objekte und dem a posteriori gegebenen empirischen Stoff das Verhältnis der Bestimmbarkeit, so dass durch diese Verknüpfung also keine reellen Objekte gebildet werden können.

Die eben erörterten Punkte kleidet Maimon auch in die beiden Fragen: letzteren in „quid juris?" d. h. mit welchem Rechte wenden wir reine Begriffe a priori auf empirische Objekte an; und ersteren in „quid facti?" d. h. ist es ein unbezweifeltes Faktum, dass wir solche Begriffe a priori von empirischen Objekten wirklich gebrauchen, oder beruht dieser Gebrauch nur auf einer Täuschung der Einbildungskraft? Kant erwähnt diese Frage blos im Vorbeigehen, während sie für die Maimonsche Philosophie gerade von grösster Wichtigkeit ist, weil sie den Maimonschen eigentümlichen skeptisch-kritischen Standpunkt einschliesst.

Maimon leugnet also sowohl den transcendenten als auch den empirischen Gebrauch der Kategorien: Jenen, weil Dinge an sich in keinem zu diesem Gebrauche erforderlichen Verhältnisse der Bestimmbarkeit stehen können, diesen, weil das an empirischen Objekten wahrgenommene Zeitverhältnis nicht das Verhältnis der Bestimmbarkeit ist. (Log. 192.) Jedoch gesteht er den Kategorien eine mittelbare Anwendung auf empirische Gegenstände zu. Wie wir z. B. von einem Teller sagen können, er sei rund, weil der Raum, der doch eigentlich nur das Prädikat rund annehmen könne, die Form desselben ist, so ist es auch z. B. mit der Kategorie der Causalität. Diese kann zwar nicht unmittelbar auf z. B. Sonnenschein und Wärme angewandt werden, wohl aber auf ihre Succession, und da diese als Form der sinnlichen Objekte sich unmittelbar auf diese bezieht, so kann auch die Kategorie der Causalität eine mittelbare Anwendung auf Objekte finden d. h. sie bekommt mittelbar objektive Realität. Ebenso steht es auch mit den andern Kategorien. Will ich hingegen ein Objekt an sich a und b von der Form der Sinnlichkeit abstrahiert durch die Kategorien denken, so hat dies Denken keinen Grund, weil die Kategorien mit den Objekten an sich in keinem zur objektiven Realität erforderlichen Verhältnis von Bestimmbarem und Bestimmung stehen. (Kat. 219.)

Den eigentlichen Gebrauch der Kategorien als Formen des reellen Denkens (mit Ausnahme der Kategorie der Causalität, welche ja nur eine mittelbare Anwendung finden kann) beschränkt Maimon auf das Gebiet der „reellen" Objekte, also auf die Mathematik. Ein reelles Objekt ist ja, wie wir oben gesehen haben, gekennzeichnet durch das Verhältnis der Bestimmbarkeit. Diese reellen Objekte finden sich aber nur im Gebiete der Mathematik. Ein Dreieck z. B. ist ein reelles Objekt, weil das Subjekt (Raum) mit dem Prädikate (3 Linien) im Verhältnis der Bestimmbarkeit steht, da Raum auch an sich, Linie hingegen nicht ohne Raum gedacht werden kann. (Log. 191.)

Das Resultat dieser Entwicklung ist also kurz gefasst, dieses: Die Anwendung der Kategorien auf Erfahrungsobjekte ist problematisch. Es ist dies eine notwendige Consequenz aus der Maimonschen Scheidung des „irrationalen" und des „reellen" Denkens, das die beiden Welten der empirischen und mathematischen Wissenschaft bedingt, und sich gründet auf Maimons eigentümliche Ansicht, dass nur die mit Bewusstsein erzeugten Denkobjekte objektive Realität besitzen, während das ohne „Bewusstsein" produzierte, seinen Stoff nur als gegeben vorfindende Denken nur irrationale Geltung hat. Von ersterer Art ist die Erkenntnis der mathematischen „Objekte", von letzterer die Erkenntnis des empirisch Gegebenen, die Erfahrungserkenntnis, die keine allgemein gültige und notwendige Erkenntnis liefern kann, auf welche also auch die Kategorien als Formen des reellen Denkens keine Anwendung finden können.

Während Maimon bei den sonstigen Verbesserungsversuchen der Kantischen Philosophie doch wenigstens immer im Geleise des Kantischen Systems bleibt, so divergieren in diesem Punkte die beiden Systeme vollständig: Kant bejaht, Maimon verneint die objektive Realität der Erfahrungserkenntnis. Und hierauf gründet sich der eigentümliche philosophische Standpunkt Maimons: sein kritischer Skeptizismus,[1]) von dem aus er leicht die dogmatische und kritische Philosophie einer Kritik unterziehen und sie widerlegen kann.

Die dogmatische Philosophie leitet Begriffe und Sätze von ihrer Gültigkeit in besondern Fällen der Erfahrung her, erhebt dieselben zu allgemeinen Grundsätzen und Grundbe-

---

[1]) Als kritischen Skeptizismus können wir, wie auch Erdmann und Fischer, und vor ihnen Maimon selbst — wie sich später zeigen wird — es an zwei Stellen gethan hat, Maimons Standpunkt bezeichnen, weil Maimon im Gegensatz zum antikritischen Skeptizismus des Änesidemus auf dem Boden des Kritizismus stehend die Notwendigkeit und Allgemeinheit der Erfahrungserkenntnis in Zweifel zieht. Änesidemus hatte es auch gethan, aber da er ausserhalb des Kritizismus steht und sich gegen die Grundprinzipien desselben wendet, so treten sich diese beiden Standpunkte diametral gegenüber. Deshalb sagt Maimon auch in „Briefe des Philalethes an Änesidemus" (Log. 373): „In Bezug auf die von Ihnen aufgestellten Gründe Ihres Skeptizismus gegen die kritische Philosophie sehe ich mich gezwungen als Ihr Gegner zu erscheinen . . . . Meiner Erklärung nach ist der Skeptizismus keineswegs, wie Sie wohl behaupten, dem kritischen Idealismus entgegengesetzt . . . . sondern vielmehr liegt jener diesem zu Grunde."

griffen und braucht sie nachher zur Bestimmung andrer besonderer Fälle. So nimmt sie z. B. den Begriff Ursache und den Satz der Causalität von dem besondern Falle z. B. Wärme dehnt die Luft aus. Diesen erhebt sie zu einem allgemeinen Grundsatze: Alles hat seine Ursache. Darauf wendet sie diesen Grundsatz an, um zu beweisen, dass die Welt überhaupt eine Ursache habe. (Kat. 131.)

Diese Methode laboriert nach Maimon an drei Fehlern: 1) ist das Faktum, dass wir in der Erfahrung Causalzusammenhang im „objektiven" Sinne haben, durchaus nicht erwiesen, vielmehr vom skeptischen Standpunkte aus blos als Ideenassoziation mit subjektiv gültigem Werte anerkannt. 2) gesetzt auch, dass die Annahme in diesen besondern Fällen ihre Richtigkeit hätte, so haben wir doch keinen Grund vom Besondern aufs Allgemeine zu schliessen. 3) gerät die dogmatische Philosophie in Anwendung dieses allgemeinen Grundsatzes in der Metaphysik mit sich selbst in Widerspruch: Denn wenn, wie dieser allgemeine Grundsatz erklärt, jedes Ding seine Ursache hat, so muss auch die von ihnen angenommene erste Ursache d. i. das unbedingte Wesen oder Gott eine Ursache haben, kann also nicht erste Ursache sein. (Ebds.)

Philosophen dieser Art bezeichnet Maimon als dogmatische Metaphysiker. Noch weniger Berechtigung gesteht er den dogmatischen Empirikern zu. Diesen sind alle unsre Begriffe und Urteile, selbst der Satz des Widerspruchs nicht ausgenommen, a posteriori gegeben, von den sinnlichen Gegenständen abstrahiert. „Diese Empiriker, sagt Maimon (Trph. 433), sind in der That unwiderleglich; denn wie sollte man sie widerlegen? Dadurch, dass man zeigt, dass ihre Behauptung ungereimt ist und offenbare Widersprüche enthalte? Sie wollen ja den Satz des Widerspruchs nicht zugeben. Aber sie verdienen auch nicht widerlegt zu werden, denn sie behaupten — Nichts. Ich muss gestehen, dass ich mir von einer solchen Denkungsart keinen Begriff machen kann.

Diese Herren gestehen sich selbst kein grösseres Vermögen zu als eine Art Instinkt, das sie judicium practicum nennen, und Erwartung ähnlicher Fälle, welche die Tiere in einem vorzüglichern Grade besitzen."

Die kritische Philosophie weicht den an den dogmatischen Metaphysikern gerügten beiden letzten Fehlern (s. vor. S.) glücklich aus, lässt aber noch eine Blösse hinsichtlich der Frage „quid facti?" Sie geht nämlich von dem Begriffe der Objekte der Erfahrung aus und beweist die ersten Grundbegriffe und Grundsätze als Bedingungen der Möglichkeit eines Objekts der Erfahrung, welche selbst als Thatsache vorausgesetzt wird. Aber, da diese Thatsache von den Skeptikern immer bestritten werden wird, kann sie nur „hypothetisch philosophieren". (Kat. 132.)

Die kritischen Philosophen lassen die Objekte unsrer Erkenntnis uns a posteriori, die Formen derselben aber a priori gegeben sein, sie bejahen also die objektive Realität der empirischen d. i. Erfahrungserkenntnis und bezweifeln die Realität der rationalen d. i. der Vernunfterkenntnis, sind demnach „empirische Dogmatiker" und „rationelle Skeptiker". (Trph. 434.)

Unter diese Philosophen ist nach Maimon auch Kant zu rechnen. Trotzdem hält Maimon Kants „Kritik der reinen Vernunft" für so klassisch und so wenig widerlegbar, wie das Werk des Euklid in seiner Art. Andrerseits jedoch hält er das Kantische System für unzulänglich und gesteht ihm bei allem subjektiven Werte doch nur mittelmässigen objektiven Wert zu. (Trph. 338 und K. U. Vorr.).

Mit den „Herren Kantianern" hat Maimon noch weniger Ursache zufrieden zu sein als mit ihrem grossen Meister, weil der grösste Teil von ihnen nichts Anderes thue als die Vernunftkritik zu kommentieren, epitomieren, popularisieren und so zu wässern, dass sie allen Saft und alle Kraft verliere. Diese Kantianer, die sich selbst aber nicht gern mit diesem Namen, sondern als kritische Philosophen bezeichnen, blos um die Schande der Nachbeterei von sich abzuwälzen, seien aber, sagt Maimon, bei genauerer Betrachtung doch nichts

Anderes als Nachbeter. Die wenigen Originaldenker, die sich darunter befänden, und die den Namen kritische Philosophen mit Recht verdienten, kämen bisweilen dem Kantischen System sehr nahe, bisweilen aber entfernten sie sich in „hyperbolischen Bahnen" von ihm. Ein Hauptfehler, den Maimon an ihnen rügt, bestehe darin, dass sie in ihren Schriften meistenteils gar keine Beispiele anführten, die nach Maimon doch in spekulativen Schriften unerlässlich sind, schon um den Verdacht von sich abzuwälzen, dass man sich selbst nicht verstehe; und wenn sie sich ja dazu herbeiliessen, so wären es nicht etwa Beispiele aus den einfachsten Begriffen der Mathematik, sondern solche, die die Sache anstatt zu erläutern, meistenteils noch mehr verwirrten.

„Der eine, um zu zeigen, dass es Begriffe geben kann, die zwar keinen Widerspruch enthalten, aber dennoch sich nicht konstruieren lassen (was Leibniz durch das Beispiel eines Dekaëders erläutert) unternimmt deswegen eine beschwerliche Reise nach dem Eismeer, um einen weissen Bären zum Beispiel zu holen, und lässt diesen dann einige Seiten lang herumtanzen. Der andere um zu zeigen, dass Induktion keine absolute Allgemeinheit geben kann, reist nach dem Nilstrom, um sich zu diesem Behufe ein Krokodil zu holen. Ein dritter wiederum segelt nach dem Vorgebirge der guten Hoffnung, von wo er sich einen Hottentotten mitbringt, den er nachher mit dem citoyen J. J. Rousseau einen Contretanz tanzen lässt etc." (Kr. U. Vorr.).

Die kritischen Philosophen, welche also die Allgemeinheit und Notwendigkeit der Erfahrungserkenntnis behaupten, können, wie schon oben gesagt, ihre Behauptung dem Skeptizismus gegenüber nicht aufrecht erhalten. Nicht blos die Formen, sondern auch die Objekte der Erkenntnis müssen in uns a priori sein, wenn sie objektive Realität besitzen sollen. Die empirischen Objekte können nicht durchs Denken erzeugt werden, es ist dies nur möglich bei den Objekten des „reellen" Denkens. Philosophen, die auf diesem Standpunkt stehend die rationale Erkenntnis behaupten, die empirische dagegen in Zweifel ziehen, bezeichnet Maimon als „rationelle Dogmatiker" und empirische Skeptiker und unter diese rechnet er sich selbst[1]). (Trph. 436).

Dieser Skeptizismus nimmt übrigens die Partei der kritischen Philosophie und geht mit derselben Hand in Hand gegen die dogmatische. Er ängstigt aber immerzu die kritische Philosophie mit der unbeantwortlichen Frage „quid facti?" und macht ihr jeden Fuss breit Boden in dieser Welt, worin wir einmal sind, streitig.

„Die kritische und skeptische Philosophie, sagt Maimon (Progr. 57), stehen ungefähr in demselben Verhältnisse wie der Mensch und die Schlange nach dem Sündenfall, wo es heisst: Er (der Mensch) wird dich treten aufs Haupt d. h. der kritische Philosoph wird immer den skeptischen mit der zu einer wissenschaftlichen Erkenntnis erforderlichen Notwendigkeit und Allgemeingültigkeit der Prinzipien beunruhigen; du aber (Schlange) wirst ihn an der Ferse beissen d. h. der skeptische Philosoph wird immer den

---

[1]) Werden diese beiden Bezeichnungen „rationelle Dogmatiker" und „empirische Skeptiker" ins Auge gefasst, so hat K. Fischer Recht, wenn er in seiner Gesch. d. n. Ph. V. Bd. 2 te Aufl. p. 197 sagt: „Dieser (Maimon) nennt seinen Standpunkt halb skeptisch, halb dogmatisch." Wenn F. aber dann fortfährt „in Wahrheit ist er kritisch und skeptisch zugleich" und auf p. 196 besonders hervorhebt „deshalb bezeichne ich Maimons Standpunkt als kritischen Skeptizismus", so sind wir im Stande nachzuweisen, dass auch Maimon diesen seinen Standpunkt selbst so bezeichnet hat. Er sagt nämlich (Streif. 217, Brief an Reinhold) „wir sind einig in Aufsuchung der Prinzipien unsrer Erkenntnis im Erkenntnisvermögen selbst etc., nur dass Sie (Reinhold) hierin dogmatisch kritisch, ich hingegen skeptisch kritisch verfahre" u. (p. 238 ebds.) „meine Forderungen gehen dahin aus, dass die dogmatische Philosophie, deren Repräsentant Sie vorzüglich sind, die Fakta, die sie zu Grunde legt, entweder als ursprüngliche darthun, oder, wenn sie es nicht kann, der skeptisch-kritischen Philosophie, deren geringer Repräsentant ich die Ehre habe zu sein, huldigen, diese Fakta für blos abgeleitete anerkennen und ihnen blos hypothetische Gültigkeit beilegen soll."

Dass K. Fischer dies übersehen hat, liegt wahrscheinlich daran, dass er bei der Darstellung des Maimonschen Systems nicht im Besitz des Maimonschen Werkes „Streifereien im Gebiete der Phil." gewesen ist, da sich auch sonst keine Citate aus dieser Schrift bei ihm finden.

kritischen Philosophen damit necken, dass seine notwendigen und allgemeingültigen Prinzipien keinen Gebrauch haben. Quid facti. „....?"
Dadurch dass Maimon im Gegensatze zu Kant die Notwendigkeit und Allgemeingültigkeit der Erfahrungserkenntnis bezweifelt und leugnet, kehrt er zu dem Humeschen Skeptizismus zurück, den er aber seinem eignen Standpunkte gemäss für die Philosophie fruchtbar macht. Es ist nicht der dem gewöhnlichen Bewusstsein anhaftende Skeptizismus des Änesidemus-Schulze, der sich gegen die Grundfragen des kritischen Systems nach der Möglickeit unsrer Erkenntnis richtet und deshalb blos negative Resultate erzielt, sondern es ist ein Skeptizismus, der selbst auf transcendentalem, idealistischem Boden fussend mit Überlegung den Idealismus nur auf das ihm zukommende Gebiet einschränkt.

Schluss.

Vergegenwärtigen wir uns zum Schluss noch einmal das Hauptergebnis unsrer Untersuchungen: Maimons philosophischer Standpunkt ist gegründet auf monistischem Boden. Maimon bestreitet die Kant-Reinholdische Annahme einer ausserhalb unsres erkennenden Bewusstseins existierenden, Realität besitzenden Ding-an-sich-Welt, und lässt als einzige Welt bestehen unsre Bewusstseinswelt. Es ist das hauptsächlichste und unstreitigste Verdienst Maimons, welches ihm auch niemand absprechen und schmälern kann: zuerst die Beseitigung des Dinges an sich und des damit ausgesprochenen Dualismus vollzogen und für die Erkenntnistheorie eine monistische Basis geschaffen zu haben; eine Errungenschaft, deren Bedeutung und Tragweite in ihren Folgen Maimon selbst natürlich noch nicht kennen konnte, sondern die erst in der spätern Zeit zu Tage trat.

Das Bewusstsein also allein ist es, das alle Wirklichkeit in sich fasst und nichts neben und ausser sich bestehen lässt.

Alles Seiende ist für dasselbe Bewusstseiendes d. h. gehört zum Bewusstseinsinhalt. Aber dieser Bewusstseinsinhalt teilt sich wiederum in zwei Teile: in dasjenige, welches wir als blos „gegeben" in unserm Bewusstsein vorfinden und von dem wir nur eine unvollständige Erkenntnis haben, das sind die Empfindungen, und in dasjenige, welches wir mit Bewusstsein produzieren, dessen Entstehung im Bewusstsein wir daher kennen, und das ist das „reelle" Objekt der Mathematik. Dadurch, dass Maimon einen unerklärlichen und unerklärbaren Rest, die Empfindung, in unserm Bewusstsein zurücklässt, hat er zugleich eines der schwierigsten Probleme für die Erkenntnistheorie gestellt: das Gegebensein der Empfindung und ihre Erklärung aus dem Bewusstsein — allerdings nur gestellt, nicht gelöst.

Da also allein das mit Bewusstsein von uns Produzierte eine vollständige oder reelle Erkenntnis liefert, das „Gegebene" hingegen nur eine unvollständige, irrationale, so ergiebt sich, da der empirische Stoff den Charakter des „Gegebenen" hat, die selbstverständliche Folgerung, dass die Erfahrung nur irrationale Erkenntnis liefert und vom Gebiete des reellen Denkens ausgeschlossen wird, welches selbst sich auf das Gebiet der Mathematik beschränkt, da nur hier die Verknüpfung der Objekte nach dem Kriterium des reellen Denkens dem Grundsatz der Bestimmbarkeit vor sich gehen kann.

Es ist dies gleichsam der rote Faden, der die ganze Maimonsche Philosophie durchzieht: Die Bestreitung der Allgemeingültigkeit und Notwendigkeit der Erfahrung und die Einschränkung der Gewissheit auf die Mathematik. Es ist dies auch zugleich der Hauptdifferenzpunkt zwischen der Maimonschen und Kantischen Philosophie, und charakterisiert den Maimonschen eigentümlichen philosophischen Standpunkt, seinen kritischen Skeptizismus, welcher im Unterschied von dem Skeptizismus eines Hume und eines Änesidemus den durch den Kritizismus geschaffenen transcendentalen Idealismus als Grundlage beibehält und denselben in seiner Geltung nur auf ein engeres Gebiet beschränkt.

Wir hoffen durch diese Darstellung des Maimonschen Systems zugleich dazu beigetragen zu haben, dass die Philosophie dieses jüdischen Denkers, der so lange Zeit der Vergessenheit anheimgefallen gewesen ist, in weiteren Kreisen der philosophischen Welt bekannt werden und vielleicht auch etwas mehr Interesse und Würdigung als bisher finden möge.

Lebenslauf.

Der Verfasser, *Carl Wilhelm August Moeltzner*, evangelischer Confession, ist am 29. November 1864 zu Gerbstedt (Prov. Sachsen) geboren. Den ersten Schulunterricht erhielt er in Gerbstedt, besuchte dann das Gymnasium zu Eisleben und seit Ostern 1884 dasjenige zu Nordhausen, welches er Michaelis 1885 mit dem Zeugnis der Reife verliess. Von da ab studierte er bis Michaelis 1887 Theologie in Tübingen und Berlin. Von Michaelis 1887 bis Ostern 1889 verband er in Greifswald mit dem Studium der Theologie das der Philosophie. Er hörte während seiner Studienzeit die Vorlesungen folgender Herren Professoren:

In Tübingen:

Buder, Kautsch, Kübel, v. Pflug-Harttung.

In Berlin:

Dillmann, Lommatsch, Pfleiderer, Semisch, Strack.

In Greifswald:

Gieseabrecht, Haupt, Kessler, Rehmke, Schultze, Schuppe, Susemihl, Zöckler.

Thesen.

I.
Jegliche Welterklärung, die mit einem vom Bewusstsein unabhängigen „an-sich-Seienden" operiert, ist zu verwerfen.

II.
Der Begriff der „Seele" ist nicht ohne das grundlegende Moment des Bewusstseins denkbar.

III.
Der Indeterminismus kann nicht anerkannt werden.